Silke Hubrig
Geschlechtersensibles Arbeiten in der Kita

Silke Hubrig

Geschlechtersensibles Arbeiten in der Kita

Die Autorin
Silke Hubrig ist Erzieherin und Lehrerin für Sozialpädagogik/Sport. Sie unterrichtet an einer Berufsschule in Bremen und ist Autorin zahlreicher Fachbücher und -aufsätze.

Dieses Buch ist erhältlich als:
ISBN 978-3-7799-6049-2 Print
ISBN 978-3-7799-5345-6 E-Book (PDF)

1. Auflage 2019

in der Verlagsgruppe Beltz · Weinheim Basel
Werderstraße 10, 69469 Weinheim

Herstellung und Satz: Ulrike Poppel
Druck und Bindung: Beltz Grafische Betriebe, Bad Langensalza
Printed in Germany

Weitere Informationen zu unseren Autor_innen und Titeln finden Sie unter: www.beltz.de

Inhalt

Vorwort

Ob ein Kind männlich oder weiblich ist, hat lebenslange Konsequenzen für seinen bzw. ihren Lebenslauf. Die Ausstattung des Kinderzimmers, die Farben der Kleidung, die Frisur, Tätigkeiten und Hobbys – all das hat auch immer mit der Geschlechterrolle des Kindes zu tun.

Der Kindergarten ist ein Ort der Bildung, an dem alle Kinder, unabhängig ihres Geschlechts, dieselben Chancen und Möglichkeiten haben sollen. Auf den ersten Blick wird keinem Geschlecht eine bestimmte Tätigkeit verwehrt. Alle Kinder dürfen mit Puppen und mit Autos spielen. Bei genauerem Hinsehen fällt auf, dass Jungen und Mädchen unterschiedlich behandelt, motiviert und bestärkt werden, nicht nur von den pädagogischen Fachkräften, sondern von allen Instanzen, die ihre Entwicklung und Selbstbildung beeinflussen. Der Umstand, dass es intergeschlechtliche Kinder gibt – und das häufiger, als viele meinen –, wird oft gar nicht thematisiert.

Eine der Hauptentwicklungsaufgaben von Kindergartenkindern ist der Aufbau einer Geschlechtsidentität. Das Bewusstwerden der eigenen Geschlechtszugehörigkeit und das Zuordnen zur männlichen oder weiblichen Geschlechtergruppe spielt eine sehr große Rolle. Deswegen ist es gerade in diesem Altersabschnitt bedeutsam, dass Kinder nicht durch geschlechtseinengende Zuschreibungen in ihren tatsächlichen Möglichkeiten eingeschränkt werden. Das gilt nicht nur für den direkten Umgang mit den Kindern, sondern auch mit geschlechterflexiblen Modellen für Kinder, Medien, Spielmaterialien usw. Zudem sollte den Kindern die Bandbreite an Möglichkeiten, wie die männliche und weibliche Geschlechterrolle gestaltet und gelebt werden kann, nahegebracht werden. Zur Normalität der Kinder sollte auch das Wissen um intergeschlechtliche oder transgeschlechtliche Kinder gehören. Ebenso sollten ihnen die vielfältigen Familienformen nicht vorenthalten werden. Nur so haben die Kinder eine wirkliche Chance, eine Geschlechtsidentität aufzubauen, die ihnen wirklich entspricht. Jedes Kind ist anders. Für pädagogische Fachkräfte ist das die Bereicherung und Herausforderung, jedes Kind bei der Entwicklung seiner Geschlechtsidentität hilfreich begleitend zur Seite zu stehen.

In diesem Buch werden Elemente der pädagogischen Praxis unter dem Aspekt der Gendersensibilität näher beleuchtet. Zu den theoretischen

Ausführungen werden Anregungen zur Selbstreflexion, Impulse für die Auseinandersetzung im Team und auch konkrete Praxisideen gegeben, die zur Umsetzung geschlechtssensibler Pädagogik beitragen.

Zur besseren Übersicht führen Sie folgende Icons durch das Buch:

Selbstreflexion 

Teamimpuls 

Praxisangebot 

Teil I
Grundlagen geschlechtersensibler Pädagogik

1 Einstimmung

Selbstreflexion – Ich als Junge… Ich als Mädchen…

Wir alle sind keine Laien, was Geschlecht angeht, denn jede*r hat ein Geschlecht und eine geschlechtsspezifische Sozialisation durchlaufen. Setzen Sie sich zur Einstimmung in die Thematik mit folgenden Fragen auseinander:

Ich als Mädchen/Junge/intergeschlechtliches Kind

- War ich ein typisches Mädchen/typischer Junge?
- Was habe ich gerne gespielt?
- Wo habe ich gerne gespielt?
- Mit wem habe ich gerne gespielt?
- Wie war das damals in meiner Kindergartenzeit mit den Jungen und den Mädchen?
- Wie war das damals in meiner Grundschulzeit mit den Jungen und den Mädchen?
- Gab es Verbote und Gebote, die mit meinem Geschlecht zu tun hatten?
- Wurden geschlechtstypische Erwartungen an mich herangetragen? Von wem? Welche?
- Was fand ich besonders gut daran, ein Mädchen/ein Junge zu sein?

Ich als Frau/Mann/intergeschlechtlicher Mensch

- Was gefällt mir an meiner Geschlechterrolle?
- Was gefällt mir nicht an meiner Geschlechterrolle?
- Gibt es etwas, was ich gerne machen würde, aber meine Geschlechterzugehörigkeit erschwert mir den Zugang dazu?
- In welchen Situationen verhalte ich mich besonders typisch weiblich oder typisch männlich?
- In welchen Situationen verhalte ich mich überhaupt nicht typisch weiblich oder typisch männlich?

Teamimpuls – Einige Fakten zur Einstimmung: Gender-Quiz

In diesem kleinen Quiz werden zum Einstieg in das umfassende Thema Geschlecht einige Fragen mit möglichen Antworten präsentiert. Wie lauten die richtigen Antworten?

1. Was durften in Deutschland Ehemänner ihren Frauen bis 1977 verbieten?
   a) alleine shoppen gehen
   b) Rauchen
   c) Erwerbsarbeit

Antwort: Es gab damals einen sogenannten „Hausfrauenparagraphen". Der legte fest, dass eine Ehefrau in erster Linie zur Haushaltsführung und der Ehemann zum finanziellen Unterhalt der Familie verpflichtet ist. Die Ehefrau durfte nur dann berufstätig sein, wenn sie dadurch ihre „familiären Verpflichtungen" nicht vernachlässigte und der Ehemann mit der Erwerbstätigkeit seiner Frau einverstanden war.

2. Wie hoch war der Unterschied des Bruttoverdienstes zwischen Männern und Frauen in Deutschland im Jahr 2017?
   a) 15 %
   b) 21 %
   c) kein Unterschied

Antwort: Frauen erhielten 2017 als durchschnittlichen Bruttostundenverdienst 16,59 Euro und Männer 21,00 Euro. Frauen verdienten also 21 % weniger als Männer.

3. Seit wann dürfen auch Frauen in Deutschland wählen?
   a) seit 1918
   b) seit 1910
   c) seit 1968

Antwort: Seit 1918 haben Frauen ein Wahlrecht in Deutschland.

4. Seit wann ist Frauenfußball in der Bundesrepublik Deutschland vom Deutschen Fußball-Bund (DFB) erlaubt?
   a) seit 1960
   b) seit 1970
   c) Er war niemals verboten.

Antwort: Der Deutsche Fußball-Bund verbot von 1955 bis 1970 Frauenfußball. Der Verbandstag des Deutschen Fußball-Bundes war 1955 der Meinung, dass Frauen beim Fußballspielen ihre weibliche Anmut verlören. Ihr Körper und ihre Seele nähmen vom Fußballspielen Schaden. Das Zurschaustellen ihrer Körper verletze Schicklichkeit und Anstand. („Die graue Spielzeit. Frauenfußball in der Verbotszeit“; www1.bpb.de/themen/6YYRO3,0,0,Die_graue_Spielzeit.html)

5. Wie viel Prozent der pädagogischen Fachkräfte in der Kindertagesbetreuung waren 2016 männlich?
   a) 5,2 %
   b) 2,3 %
   c) 7 %

Antwort: 5,2 %
(Quelle:https://www.destatis.de/DE/ZahlenFakten/GesellschaftStaat/Soziales/Sozialleistungen/Kindertagesbetreuung/Kindertagesbetreuung.html)

6. Wie hoch ist der Anteil von Pilotinnen in der kommerziellen Luftfahrt?
   a) 40 %
   b) 18 %
   c) 5 %

Antwort: Der Anteil der Pilotinnen in der kommerziellen Luftfahrt liegt bei 5 %. Viele Passagiere akzeptieren nicht, dass eine Frau am Steuer sitzt. Sie halten sie für die Flugbegleiterin.
(Quelle: https://www.welt.de/reise/article161880530/Are-you-a-Madam-Sir-das-ist-der-Klassiker.html)

Teamimpuls – Das Gender-Alphabet-Spiel

Diese Übung kann im Team oder in Einzelarbeit durchgeführt werden. Zu jedem Buchstaben wird ein Wort aufgeschrieben, das mit dem Buchstaben beginnt und in einem Zusammenhang mit dem Begriff „Gender“, also mit den Geschlechterrollen steht. Die Wörter werden abschließend gemeinsam betrachtet. Bei dieser gemeinsamen Abschlussrunde wird möglicherweise deutlich, dass nahezu jeder Begriff mit Gender in einem Zusammenhang steht. Ein Beispiel:

A mpel (zeigen männliche Figuren)

B rust (bei beiden Geschlechtern gibt es andere Ideale, um als attraktiv zu gelten)

C hristkind (männlich)

D ieb (die meisten Straftäter sind laut Statistik männlich)

E

F

G

…

2 Mädchen sind sprachbegabt und Jungen spielen raumgreifender – Wie erklärt die Wissenschaft Unterschiede zwischen den Geschlechtern?

Jungen spielen und toben raumgreifend. Sie interessieren sich für Autos und Dinosaurier. Sie spielen gerne Fußball und haben kurze Haare. Mädchen hingegen spielen leiser und kooperativer in kleinen Gruppen. Sie gestalten mit Papier und Stiften, tragen bunte Kleidung mit Glitzer und haben oft lange Haare mit Haarspangen. Werden viele Mädchen und Jungen in „Schubladen" gepresst, geben sie ein solches stereotypisches Bild ab.

Wieso ist es so, dass die Geschlechtergruppen Mädchen und Jungen unterschiedlich sind oder auch so unterschiedlich auf uns wirken? Im Folgenden werden drei wissenschaftliche Ansätze vorgestellt, die die Geschlechterdifferenzen zu erklären versuchen:

Biologen und Biologinnen erklären Geschlechterunterschiede

Biologen und Biologinnen erklären Geschlechterunterschiede mit dem Einfluss unterschiedlicher Chromosomen. Der Mensch hat einen sogenannten genetischen Bauplan, der aus 46 Chromosomen besteht. Diese enthalten Erbinformationen. 23 Chromosomen stammen vom Vater und 23 von der Mutter. Hat das 23. Chromosom von Mutter und Vater eine X-Form, dann entwickelt sich der Mensch weiblich. Ist das 23. Chromosom des Vaters die Form eines Y, so hat der Mensch den genetischen Bauplan XY und ist männlich. Des Weiteren spielen die Hormone eine bedeutsame Rolle, bzw. die Mengen der Östrogene, den sogenannten weiblichen Hormonen, und der Androgene, den sogenannten männlichen Hormonen. Das Mengenverhältnis weiblicher und männlicher Hormone bewirkt die Entwicklung entsprechender Geschlechtsmerkmale und beeinflusst die Gehirnstruktur. Im Mutterleib sind Jungen im Zuge der vorgeburtlichen Entwicklung einer großen Menge Testosteron ausgesetzt. Bis auf die primären Geschlechtsmerkmale unterscheiden sich Jungen und Mädchen äußerlich nicht voneinander. Erst durch den mit der Pubertät eintretenden Hormonschub treten weitere biologische Unterschiede hervor.

Und was hat es mit den männlichen und weiblichen Gehirnen auf sich? Die Unterschiede zwischen männlichen und weiblichen Gehirnen sind nicht so groß, wie manche Menschen denken. Das Gehirn von Männern ist im Durchschnitt etwa zehn Prozent größer als das von Frauen, was jedoch nicht bedeutet, dass sie auch schlauer als Frauen sind. Ein weiterer Unterschied betrifft den Zeitpunkt der Reifung der Gehirnhälften, der sich bei Jungen und Mädchen unterscheidet. Die Gehirnregion, die für Sprache zuständig ist, entwickelt sich bei Mädchen etwas früher als bei Jungen. Die rechte Gehirnhälfte, die für das Lösen von visuell-räumlichen Aufgaben zuständig ist, reift bei den Jungen früher als bei Mädchen. Bedeutsam, wenn es um die Differenzen weiblicher und männlicher Gehirne geht, ist die Plastizität des Organs. Es ist niemals starr, sondern verändert sich permanent, je nachdem, was und wie lange jemand etwas tut. Permanent entstehen neuronale Verknüpfungen oder sie werden gestärkt. Die Unterschiede männlicher und weiblicher Gehirne sind so minimal, dass sie durch ein kleines Training im sprachlichen oder visuell-räumlichen Bereich rasch verändert werden können. (vgl. Hubrig 2010, 18 ff.)

Intergeschlechtlichkeit

Es gibt auch Menschen, die aufgrund ihrer Geschlechtschromosomen (chromosomales Geschlecht), ihrer Geschlechtsorgane (genitales Geschlecht) oder aufgrund ihres Mengenverhältnisses an Geschlechtshormonen (hormonales Geschlecht) nicht eindeutig dem weiblichen oder dem männlichen Geschlecht zuzuordnen sind. Intersexualität ist der biologische Sammelbegriff für unzählige Abstufungen zwischen den Polen „männlich“ und „weiblich“.

> „4000 Varianten der geschlechtlichen Differenzierung gibt es! Zu behaupten, es gäbe nur 2 binäre Geschlechter, ist so absurd, wie zu behaupten, die Welt ist eine Scheibe.“ Lucie Veith, vom Bundesverband Intersexuelle Menschen e. V., Kommentar auf der Veranstaltung „Leben zwischen den Geschlechtern. Fachkonferenz Intersexualität“ vom 22. Mai 2013

Sozialbiologen und Sozialbiologinnen erklären Geschlechtsunterschiede

Sozialbiologen und Sozialbiologinnen erklären Geschlechtsunterschiede als Ergebnisse von ökologischen Anpassungsprozessen des Menschen im Laufe der Evolution. So werden beispielsweise manche Unterschiede im männlichen und weiblichen Verhalten, bzw. geschlechtsspezifische Lernbereitschaften, durch lange Schwangerschaft und Stillzeiten bei den Frauen, also eine lange Bindung an den Nachwuchs, begründet. (vgl. Trautner 2002, 667) Es wird argumentiert, dass Frauen und Männer sich in der Frühgeschichte der Menschheit die Arbeiten in ihrer sozialen Gemeinschaft, in der sie lebten, aufteilten. Während die Frauen sich um ihre Babys und Kinder kümmerten und Beeren sammelten, gingen die Männer auf die Jagd. Letztendlich kann jedoch kein Mensch wissen, ob dies tatsächlich so war. Es sind lediglich Vermutungen darüber, wie das soziale Leben in der damaligen Jäger- und Sammlergesellschaft organisiert war.

Sozialwissenschaftler und Sozialwissenschaftlerinnen erklären die Geschlechtsunterschiede

Die Sozialwissenschaftler und Sozialwissenschaftlerinnen trennen Geschlecht in das biologische Geschlecht („sex“) und das soziale Geschlecht („gender“). Sie gehen davon aus, dass Geschlecht gesellschaftlich erdacht und durch soziale Vorgaben festgelegt wird.

Gender bezeichnet die Geschlechterrolle. Mädchen und Frauen sowie Jungen und Männer müssen einem bestimmten Bild entsprechen, um ein „richtiges Mädchen/eine richtige Frau“ oder „ein richtiger Junge/Mann“ zu sein. Letztendlich wird eine gesellschaftlich vorgegebene Rolle von Geburt an eingeübt. Es wird gelernt, welche Verhaltensweisen und Eigenschaften, Aussehen, Hobbys usw. weiblich oder männlich „richtig“ sind. Diese Rolle ist gesellschaftlich konstruiert. Dabei spielen die jeweilige Zeitepoche, Kultur, Religionszugehörigkeit, soziale Schicht und die politischen und ökonomischen Rahmenbedingungen eine entscheidende Rolle. Im Jahre 1819 musste eine Frau oder ein Mann auf dem Lande sicher anderen Kriterien entsprechen, um als „richtige Frau“ oder „richtiger Mann“ zu gelten, als 2019 in einer Großstadt. (vgl. Hubrig 2010, 24 ff.)

Und wer hat nun recht? Alles angeboren, anerzogen oder durch die Gene bestimmt?

Bis in die 1960er Jahre waren Wissenschaftler*innen der Meinung, dass auch die sozialen und kognitiven Unterschiede der Geschlechter biologischer Natur seien. Danach ging man davon aus, dass Jungen und Mädchen ausschließlich von außen geformt wurden, also durch die Einflüsse der Sozialisation, die auf sie einwirken. In den 1970er und 1980er Jahren veränderte man die Meinung dahingehend, dass ein Kind bei seiner Entwicklung aktiv ist und nicht passiv verharrend von außen geformt werden kann. Ein Kind beteiligt sich eigenaktiv daran, sich wie ein Junge oder wie ein Mädchen gemäß der Geschlechterrolle zu benehmen. (vgl. Wallner 2018, 1) Diese aktive permanente Darstellungsweise von Männlichkeit und Weiblichkeit führt dazu, dass wir diese als naturgegeben hinnehmen. Es fällt uns nicht mehr auf, dass die männlichen und weiblichen Darstellungsweisen selbst gemacht sind, um ins Geschlechterraster zu passen.

Heutzutage geht die Wissenschaft davon aus, dass die Persönlichkeitsentwicklung von Jungen und Mädchen sowohl biologisch als auch durch die Sozialisation bedingt sind. Die Erbanlagen und auch die Umwelt beeinflussen die kindliche Entwicklung. Die Unterschiede im Gehirn sind so gering, dass sie praktisch keinen so großen Geschlechtsunterschied im Verhalten oder in den Fähigkeiten ausmachen können. Im Laufe der Entwicklung eignen sich die Kinder ihre Geschlechterrollen an. Dabei werden sie durch ihre jeweilige Umwelt beeinflusst.

3 Kultur der Zweigeschlechtlichkeit – Eine Welt voller Geschlechterstereotype

Wir leben in einer Kultur der Zweigeschlechtlichkeit. Es gibt ausschließlich männlich und weiblich. Mit den Geschlechtern verbunden sind spezifische Rollenerwartungen und Vorschriften, die es einzuhalten und zu erfüllen gilt. So haben Mädchen Vornamen für Mädchen und Jungen Vornamen für Jungen. Es gibt bestimmte Fernsehhelden und -heldinnen, Kinofilme, Fernsehserien und Bücher für Jungen und für Mädchen. Es gibt eine geschlechterspezifische Art, sich zu kleiden, geschlechtstypische Sportarten, Spielmaterial, Brotdosendesign, Überraschungseier, Comic-Hefte usw. Diese Kategorisierungen betreffen nicht nur Kinder. Auch erwachsene Männer gehen auf die öffentliche Herrentoilette und nicht auf die Damentoilette und die Frau über 40 kauft sich am Kiosk die „Brigitte Woman“ und nicht den Playboy. Eine Frau ist nicht beim Herrenfriseur anzutreffen und Männer gehen nicht in Stöckelschuhen ins Büro. Geschlechtersymbolik ist in unserer Gesellschaft permanent präsent. Sie ist so gegenwärtig, dass es uns als normal erscheint. Selbstverständlich gehen Frauen, ohne darüber nachzudenken, auf die Frauentoilette im Kaufhaus, auch wenn der Weg zur Herrentoilette möglicherweise viel näher wäre und sie sehr dringend müssen.

Kinder erhalten im Alltag ständig Informationen darüber, was männlich und weiblich ist. Nicht nur durch Familie oder Peergroup-Freund*innen, sondern auch durch Medien wie Kinderbücher, Filme oder Werbeplakate. Man muss kein/e Detektiv*in sein, um die Geschlechterstereotype herauszufiltern und immer wieder zu entdecken: Einhörner und kleine Kätzchen sind für Mädchen und gefährlich aussehende Dinosaurier für Jungen. Kinder beobachten tagtäglich die gesellschaftlichen Geschlechterverhältnisse: Frauen sind halbbekleidet in Werbespots zu sehen, während Männer kühle Gesichtsausdrücke zeigen. Männer sind mediale Helden (z. B. Batman), aber auch Alltagshelden (z. B. ein Feuerwehrmann). All diese Wahrnehmungen nehmen die Kinder auf und verarbeiten sie. Schließlich sind Kinder von Natur aus wissbegierig und neugierig. Sie möchten herausfinden, wie die Welt funktioniert. Das können sie beobachten und sich ein eigenes Bild davon machen, also auch ein Bild, wie Jungen und Männer sind und wie Mädchen und Frauen sind und dass es neben den beiden Geschlechtern erst einmal nichts anderes gibt. Durch die ständige Präsenz der Geschlechterbilder im Alltag orientieren sie sich an diesen stereotypen, gesellschaftlichen weiblichen und männlichen Rollenbildern.

Im Gegensatz zu Erwachsenen nehmen Kinder Stereotype als allgemeingültig hin. Für sie sind die Stereotypen also „die Wahrheit". Kinder können noch keine Verallgemeinerungen in dieser Thematik erkennen. Sie denken, es gibt nur ein Entweder-oder beim Geschlecht und dabei, was von einem Mädchen und was von einem Jungen erwartet bzw. abgelehnt wird.

Diese Zweigeschlechtlichkeit ist das Ordnungsprinzip, nach dem die Gesellschaft funktioniert. Es ruft auch bei Kindern ein Gefühl von Ordnung hervor, wenn Jungen und Mädchen sich rollenkonform verhalten und kleiden. Irritierend ist zunächst, wenn ein Junge mit zwei Zöpfen und einem „Hello Kitty"-T-Shirt in den Kindergarten kommt. Dieses Prinzip wirkt sich auf alle Lebensbereiche des Menschen aus. Und hiermit ist nicht nur die Farbe des ersten Strampelanzuges für das Baby oder die Art der Bilder auf dem Schulranzen gemeint, sondern auch die geschlechtsspezifische Aufgaben- und Arbeitsverteilung in der Gesellschaft. So sind Frauen überwiegend in sozialen und pflegerischen Berufen zu sehen und Männer in technischen und handwerklichen Bereichen tätig. Die typischen sogenannten „Frauenberufe", wie etwa der Beruf des Erziehers und der Erzieherin, werden deutlich schlechter bezahlt als die Berufe der Männer. Und auch in Jobs, in denen Männer und Frauen dasselbe tun, werden Frauen durchschnittlich schlechter bezahlt als ihre männlichen Kollegen.

Selbstreflexion/Teamimpuls – Geschlecht als Strukturprinzip

- Sammeln Sie Beispiele aus Ihrem Alltag, in denen die Zweigeschlechtlichkeit der Kultur deutlich wird, wie etwa Mode für Frauen, Mode für Männer.
- Welche Bereiche fallen Ihnen ein, die in unserer Gesellschaft wirklich geschlechtsneutral sind?
- Sammeln Sie Beispiele aus der Kita, in denen die Strukturierung männlich und weiblich deutlich wird. Diese können sich
  - auf die Kinder beziehen (Beispiel: ein Junge mit rosa Hausschuhen wird seltsam beäugt)

  - auf die Mitarbeiter*innen (Verteilung der Arbeit – Mann als Hausmeister und Frauen als Hauswirtschaftskraft) oder
  - auf die Eltern beziehen (zum Beispiel: Mütter backen den Kuchen für das Kindergartenfest, Elterngespräche sind Frauensache)
- Wie würde es Ihnen in der pädagogischen Praxis ergehen, wenn das Geschlecht keine Rolle spielen würde? Wie würde es Ihnen gehen, wenn Sie die Gruppenliste vor Beginn des neuen Kindergartenjahres bekommen und aus den Namen nicht ersichtlich wird, ob es sich dabei um Jungen oder Mädchen handelt? Sind dann die Kinder da, ist auch nicht klar, welche Kinder männlich und welche weiblich sind. Wie würden Sie sich fühlen? An welchen Stellen würden Sie es als angenehm empfinden und an welchen nicht? Würde sich der pädagogische Alltag für Sie verändern? Welche Bedeutung hat Geschlecht für Sie als zusammenfassendes Ergebnis in Ihrer Arbeit?
- Wie würde es Ihnen privat ergehen, wenn die Gesellschaft nicht mehr nach Geschlecht strukturiert wäre?

4 Weiblich konnotierte Bereiche in der Kita

Da die meisten pädagogischen Fachkräfte in der Kita weiblich sind, kann eine Kita als weiblicher Raum bezeichnet werden. Je jünger die Kinder sind, desto weniger Männer sind in den jeweiligen Gruppen zu finden. Dementsprechend sind auch die pädagogischen Angebote der Fachkräfte überwiegend weiblich. So zählen gestalterisches Malen zum Alltag, handwerkliches Gestalten jedoch nicht. Singkreise und Rollenspiele sind obligatorisch. Mit Männlichkeit assoziierte Angebote, wie Ringen und Raufen, fehlen hingegen. In einer Bildungseinrichtung, die größtenteils weiblich geprägt ist und Spielimpulse und Angebote dementsprechend gestaltet werden, haben die Kinder nur eingeschränkt die Möglichkeit, ihre gesamten Fähigkeiten und Interessen zu entdecken, sich auszuprobieren und zu erweitern.

Selbstreflexion/Teamimpuls – geschlechterspezifische Bereiche in der Kita

- Wie ist das in Ihrer Kita bzw. in Ihrer Kindergruppe? Haben die Kinder eine Bandbreite an männlich und weiblich konnotierten Aktivitäten?
- Zu welchen Aktivitäten werden die Kinder (durch Material zur Raumgestaltung oder durch Sie) angeregt und motiviert?
- Welche Bildungsbereiche bzw. Aktivitäten kommen in Ihrer Kindergruppe zu kurz?
- Woran liegt es, dass bestimmte Bildungsbereiche bzw. Aktivitäten von Ihnen weniger stark in die Kindergruppe gebracht werden als andere?
- Entwickeln Sie im Team konkrete Ideen, wie Sie den Kindern Ihrer Gruppe gleichermaßen die männlichen und weiblichen Bereiche zugänglich machen können.

5 Die Entwicklung der Geschlechtsidentität bis zum Schulalter

Die Entwicklung einer stimmigen Geschlechtsidentität ist die Hauptentwicklungsaufgabe von Kindern im Kindergartenalter. Kinder bilden ihre Geschlechtsidentität eigenaktiv. Dabei werden sie von Sozialisationsinstanzen, vor allem von den Eltern und durch Peergroup-Medien beeinflusst.

Ungefähr beim Eintritt in den Kindergarten, also mit circa 2,5 Jahren, entdecken die Kinder ihre körperlichen Geschlechtsunterschiede. Die Kinder erleben, was über ihr Verhalten gesagt und ob es positiv oder negativ bewertet wird. Diese Bewertung beeinflusst die Entwicklung der Geschlechtsidentität.

Im dritten und vierten Lebensjahr wissen die Kinder, welches Geschlecht sie haben und welche Erwartungen damit verbunden sind. Sie wissen dabei allerdings noch nicht, dass sie ihr Geschlecht lebenslang behalten werden. Sie sind in dem Glauben, dass sie das Geschlecht je nach Tätigkeit und Kontext wechseln können. So ist Paul in dem Moment ein Mädchen, in dem er mit seiner Freundin gerade Ballettunterricht spielt. Kinder suchen nach sicheren Zuordnungen, was einen Jungen und was ein Mädchen ausmacht. Alles, was nicht ins geschlechtliche Klischeeraster passt, wirkt verunsichernd und wird abgelehnt, zum Beispiel ein Junge, der ein T-Shirt mit Rüschenärmeln trägt, oder ein Mädchen mit ganz kurzen Haaren. Mädchen spielen mit Mädchen und Jungen bleiben oft unter sich. Die determinierende Zuordnung zu bestimmten Geschlechterrollen bewirkt eine starke Abgrenzung, die die Kinder übernehmen. Dieses gilt nicht nur für das Spielverhalten, sondern auch für Farbe der Kleidung, die Medienfigur auf dem Kindergartenrucksack oder den Berufswunsch – alles wird in „für Jungen“ und „für Mädchen“ eingeteilt. Kinder demonstrieren sehr rigide, welcher Geschlechtergruppe sie angehören. Sie verhalten sich dementsprechend, um ihre Geschlechtsidentität zu sichern. Unter diesem Blickwinkel ist es verständlich, dass viele Mädchen ihre Eltern beknien, ihnen das rosa Tüllkleid und das Barbie-Traumhaus zu kaufen, während viele Jungen alles dafür tun würden, eben nicht dieses zu tragen oder damit zu spielen (bzw. damit beim Tragen und Spielen in der Öffentlichkeit gesehen zu werden). Sie wollen eher cool und stark wirken.

Jungen sind einem noch größeren sozialen Druck ausgesetzt, sich entsprechend des männlichen Rollenbildes zu verhalten als Mädchen. Ein fußballspielendes Mädchen ist gesellschaftlich akzeptierter als ein Junge mit lackierten Fußnägeln. Das liegt daran, dass die Rollenbilder für Jungen wesentlich eingeschränkter sind als für Mädchen. Mädchen dürfen toben, forschen und bauen, während Jungen keine Prinzessinnen-Malbücher in der Öffentlichkeit ausmalen können, ohne mit hoher Wahrscheinlichkeit dafür sozial sanktioniert zu werden. Es ist gesellschaftlich akzeptiert, dass Mädchen Hosen tragen. Jungen hingegen werden ausgelacht oder zumindest kritisch beäugt, wenn sie Kleider anziehen.

> „Das, was Erwachsene in diesem Alter so gerne als natürliche Geschlechtsunterschiede interpretieren, ist in Wirklichkeit die Suche nach der eigenen geschlechtlichen Identität durch Experimentieren mit Präsentationsformen von Junge- und Mädchensein und die Unsicherheit der eigenen Zugehörigkeit zu einem Geschlecht." (Wallner 2018, 3)

Das Wissen darum, dass die Kinder ihr Geschlecht ein Leben lang behalten, entwickeln die Kinder im fünften bis sechsten Lebensjahr. Sie verstehen, dass ihr Geschlecht konstant bleibt, auch wenn sie sich gegengeschlechtlich verhalten. Egal, was er tut: Ein Junge bleibt ein Junge und ein Mädchen ein Mädchen. Spätestens ab dann ordnen sich die Kinder ihren Geschlechtergruppen beim Spielen zu. Sie erlernen, sich so zu verhalten, wie es ihrem Geschlecht entspricht. Sie üben, sich geschlechterkonform zu präsentieren. Ob in Kleidung, Vorlieben und Verhalten: Kinder ordnen sich entsprechend der gesellschaftlichen Geschlechterrolle zu und versuchen, so gut es geht, den Erwartungen und gesellschaftlichen Anforderungen zu entsprechen, um ein „richtiges Mädchen" oder ein „richtiger Junge" zu sein. Sie spielen die ihnen zugewiesene Rolle und inszenieren sich entsprechend.

Wenn Mädchen in die Schule kommen, also mit sechs oder sieben Jahren, werden die übertriebenen weiblichen Inszenierungen schwächer und durch subtilere Formen ersetzt. Ein glitzerndes Prinzessinnenkleid ist nicht mehr nötig. Durch eine bestimmte Form zu lächeln, den Kopf dabei schräg zu neigen, eine besondere Form des Bewegens, des Sprechens, Lachens etc. wird Weiblichkeit inszeniert. Jungen hingegen stellen ihre Männlichkeit nach wie vor übertrieben dar oder übertreiben sogar noch mehr als im Kindergartenalter. (vgl. Wallner 2018, 4 ff.)

Im Kindergartenalter beziehen die Kinder die Geschlechtsunterschiede bei sich und anderen in der Regel auf sichtbare Unterschiede wie Kleidung, körperliche Erscheinung oder Frisur. Die psychischen Unterschiede werden gegen Ende der Grundschulzeit wahrgenommen. Mit circa zehn Jahren können Kinder wieder flexibler mit den Geschlechtsunterschieden umgehen. In diesem Alter wissen sie, welcher Geschlechterkategorie sie ein Leben lang angehören werden und welche gesellschaftlichen Anforderungen und Erwartungen an sie gestellt werden. Sie wissen aber auch, dass ihr Geschlecht nicht ins Wanken gerät, wenn sie sich auch mal nicht entsprechend der Geschlechterrolle verhalten. Sie wissen, dass es um Äußerlichkeiten geht, die ihre Geschlechtsidentität nicht erschüttern werden.

Die Geschlechtsidentitätsentwicklung intergeschlechtlicher Kinder ist in einer Kultur, in der es nur „männlich" und „weiblich" zu geben scheint, krisenbehaftet. Intergeschlechtliche Kinder können sich vielfach weder der Jungengruppe noch der Mädchengruppe zuordnen. Ihre Geschlechterkategorie fehlt in der Kultur der Zweigeschlechtlichkeit bzw. taucht im Alltag nicht auf. Die Verläufe der Entwicklung von Geschlechtsidentitäten sind extrem individuell und müssen auch so betrachtet werden. (Informationen und Beratungen zur Intergeschlechtlichkeit finden sich beim Bundesverband Intersexuelle Menschen e. V. im Internet unter: http://www.im-ev.de/)

Überblick: Phasen der Geschlechtsidentitätsentwicklung vom Eintritt des Kindergartens bis zum Austritt der Grundschule

1. Dem Kind ist bewusst, welches Geschlecht es hat.
   „Ich bin ein Junge!"
2. Dem Kind ist bewusst, welches Geschlecht andere Menschen haben.
   „Meine Schwester ist ein Mädchen!"
3. Das Kind weiß, dass bestimmte Attribute und Tätigkeiten stereotypisch zu Mädchen/Frauen und Jungen/Männern zugeordnet werden.
   „Frauen lackieren sich gerne die Fingernägel und Männer haben einen Bart!"
4. Das Kind bewertet sein eigenes Geschlecht und alles, was damit zusammenhängt, positiv und alles Gegengeschlechtliche negativ.
   „Jungs sind stark! Mädchen sind Salat! Fußballspielen ist cool und Pferd spielen ist voll daneben! Mit Mädchen spiele ich nicht! Nur mit anderen Jungen!"

5. Das Kind begreift, dass sein Geschlecht konstant ist.
   „Ich werde immer ein Junge sein. Auch wenn mich ein Fremder als Mädchen anspricht, weil ich lange Haare habe, so bin und bleibe ich ein Junge und werde später ein Mann. Ich will auch mal so lange Haare haben und Motorrad fahren wie mein großer Bruder. Das machen viele Männer. Das ist cool!" (vgl. Bischof-Köhler 2002, 94 und 61)

6 Mädchen im Jungenkörper und Jungen im Mädchenkörper – Transgender

Es gibt Menschen – und damit auch Kinder – deren Geschlechtsidentität nicht mit ihrem biologischen Geschlecht und der damit verbundenen Geschlechterrolle übereinstimmt. Als Transfrauen oder Transmädchen werden Menschen bezeichnet, die eine weibliche Geschlechtsidentität haben (also die innere Gewissheit haben, weiblich zu sein) und dabei in einem männlichen Körper auf die Welt gekommen sind. Transmänner und Transjungen sind Menschen, die eine männliche Geschlechtsidentität und einen weiblichen Körper haben.

Transgeschlechtlichkeit kann bereits in der frühen Kindheit sehr deutlich werden. Äußert ein Kind über einen längeren Zeitraum – von mindestens sechs Monaten – von tiefsten Herzen überzeugt den Wunsch, bzw. benennt die Tatsache, dass er ein Mädchen ist, obwohl es sich biologisch betrachtet um einen Junge handelt, liegt es nahe, dass es ein Transmädchen ist. Äußert ein Mädchen immer wieder, dass es ein Junge sei, könnte es ein Transjunge sein. Sehr viele Kinder äußern, dass sie das jeweils andere Geschlecht sein wollen, oder spielen es. Und selbstverständlich verhalten sich und spielen Jungen und Mädchen nicht immer rollenkonform, sondern zeigen die Bandbreite ihrer kindlichen Fähigkeiten und Vorlieben. Diese Kinder sind nicht zwangsläufig transgeschlechtlich. Die Qualität, Intensität und Überzeugung, der anderen Geschlechterkategorie anzugehören, ist entscheidend. Transkinder äußern fast immer wieder mit authentischem Nachdruck, wenn sich ihr Selbstbild und das, was die Umwelt ihnen spiegelt (das Fremdbild), nicht stimmig anfühlt. Circa 30 % der in Deutschland befragten transgeschlechtlichen Jugendlichen und jungen Erwachsenen erzählten, dass sie „schon immer" um ihre besondere Geschlechtsidentität wussten. (vgl. Kugler 2012, 53)

Transgeschlechtlichkeit kann nicht anerzogen werden oder ein Kind kann sich nicht vornehmen, es zu sein. Das Kind ist so. Und da gilt es, das Kind ernst zu nehmen, seine Äußerungen zu akzeptieren und es liebevoll in seiner Auseinandersetzung mit Geschlechtsidentitätsfragen zu begleiten und zu unterstützen. (vgl. Kugler 2012, 55) Kinder sollten (sowieso niemals) unter Druck gesetzt werden, sich den gesellschaftlichen Bildern von „einem richtigen Jungen" und einem „richtigen Mädchen" anzupassen. Dieses schadet der Entwicklung erheblich. Sie sollten stets dabei Hilfe erhalten, ihr bevorzugtes Geschlecht offen auszuleben. Insbesondere transgeschlechtliche Kinder müssen von den pädagogischen Fachkräften davor geschützt werden, dass andere Kinder oder Eltern diese anfeinden, bloßstellen oder in Frage stellen. Nur in einem geschützten Rahmen voller Akzeptanz und liebevoller Begleitung können Kinder ohne Angst und Furcht ihre stimmige Geschlechtsidentität entwickeln. Manche Transkinder haben sind zurückhaltend, weil sie bereits negative Reaktionen auf ihr Verhalten erlebt haben. Pädagogische Fachkräfte sollten sie in einem solchen Falle besonders ermutigen das zu spielen, worauf sie Lust haben. Das gilt auch für ihre Kleidung: Zieh das an, worin du dich wohl fühlst. Eine angstfreie Entwicklung ist nur möglich, wenn keine Bewertungen und kein Druck in der Luft liegen. Wie soll ein Kind sich sonst auf sich selber einlassen und seine wirklichen Gefühle wahrnehmen, wenn es ständig mit den (möglichen) Bewertungen anderer beschäftigt ist? Sehr viele Kinder stehen unter einem permanenten inneren Druck, der sich in Symptomen wie Verhaltensauffälligkeiten oder somatische Beschwerden äußern kann. Pädagogische Fachkräfte sind keine Therapeut*innen und sollten in dem Fall, dass das Kind leidet, psychologische Unterstützung holen.

Ausschlaggebend für eine Atmosphäre in der Kita, in der alle Kinder die Möglichkeit haben, ihr Wunschgeschlecht zu leben, ist die Haltung der pädagogischen Fachkräfte. Transgeschlechtlichkeit sollte nicht als besondere Form oder Abweichung der Norm gesehen werden, sondern als eine Möglichkeit von vielen – und damit als eine Selbstverständlichkeit. Es sollte kein Sonderthema sein, welches nur auf den Tisch kommt, wenn ein offensichtliches transgeschlechtliches Kind in der Gruppe ist!

7 Intergeschlechtliche Kinder

Intersexuelle Menschen werden auch als intergeschlechtlich bezeichnet. Sie weisen Merkmale des weiblichen und des männlichen Geschlechts auf. Circa 0,05 bis 1,7 % der Bevölkerung werden mit intergeschlechtlichen Merkmalen geboren – die höhere Schätzung entspricht etwa dem Anteil rothaariger Menschen. (https://www.herder.de/kiga-heute/fachbegriffe/intersexualitaet/) Intersexualität ist nicht bei jedem Menschen schon bei der Geburt sichtbar. Bei circa 85 % ist Intergeschlechtlichkeit nicht durch das Aussehen ihrer äußeren Geschlechtsmerkmale erkennbar. In vielen Fällen wird sie erst im Laufe der Pubertät deutlich. Bei anderen Menschen hingegen ist die Intergeschlechtlichkeit äußerlich nie wahrzunehmen.

Im Alltag wird Intersexualität von anderen Menschen selten wahrgenommen. Möglicherweise liegt es daran, dass es bis in die 1990er Jahre gängige Praxis war, intersexuellen Babys direkt nach der Geburt ein männliches oder weibliches Geschlecht zuzuordnen – und eine entsprechende Operation an dem Kind vorzunehmen. Ärzte und Ärztinnen begründeten diese Zwangsfestlegung auf Junge oder Mädchen damit, dass intergeschlechtliche Kinder große Schwierigkeiten hätten, eine positive Geschlechtsidentität zu entwickeln. Diese ließe sich nur mit eindeutig männlichen oder eindeutig weiblichen Geschlechtsmerkmalen erreichen. Den Eltern des Kindes wurde von Experten und Expertinnen geraten, anderen Menschen wie Nachbar*innen, Freund*innen, Geschwistern usw. nichts über die Intergeschlechtlichkeit ihres Kindes zu erzählen. Die Operation, die im frühen Kindesalter stattfand, wurde auch den Betroffenen verschwiegen. Erst im Erwachsenenalter erfuhren es viele durch einen Zufall. Es lässt sich denken, dass die Operationen sehr oft zu schweren Traumatisierungen der Kinder führten. Heutzutage wird Intergeschlechtlichkeit nicht zwangsläufig als korrekturbedürftig betrachtet.

Eine unklare Zuweisung zum Mädchen/Frau oder Jungen/Mann wird gesellschaftlich und damit folglich auch von den betroffenen Menschen – sehr oft als Makel wahrgenommen, den es zu verbergen gilt. Dieser Umstand ist ein weiterer Grund für die geringe Wahrnehmung von Intersexualität im Alltag. Aufklärung darüber, was Intergeschlechtlichkeit bedeutet, würde allen Menschen die Angst vor dem Unbekannten, die Verunsicherung und Befremdung mit den geschlechtlichen Besonderheiten nehmen. Ein wichtiger Schritt erfolgte Ende des Jahres 2017. Das Bundesverfassungsgericht entschied, dass bei standesamtlichen Einträgen neben „männlich“ und „weiblich“ ein dritter Geschlechtseintrag ermöglicht werden muss, damit intergeschlechtliche Menschen nicht diskriminiert werden. Heutzutage wird endlich über Intergeschlechtlichkeit in einem größeren gesellschaftlichen Diskurs gesprochen, obwohl es schon immer intergeschlechtliche Menschen gab.

8 Täglich machen wir unser Geschlecht selbst! – Doing Gender

Die soziale Geschlechterrolle kann nur im Zusammenhang mit anderen Menschen, also durch das Interagieren und Kommunizieren, betrachtet werden. Menschen stellen permanent dar, welcher Geschlechterkategorie sie angehören. Das läuft unbewusst, aber auch bewusst ab. Sie tun das, was zur gesellschaftlichen Geschlechterrolle passt. Dieses betrifft nicht nur Tätigkeiten, wie etwa Fußballspielen oder Balletttanzen, sondern auch Mimik und Gestik, Vorlieben, Abneigungen, Berufswahl, Mode, Frisuren, Kosmetikprodukte usw. Durch die konsequente geschlechtstypische Darstellung wirken die Verhaltensweisen, als wären sie männlichen oder weiblichen Menschen angeboren. Tatsächlich werden diese aber permanent unbewusst erzeugt. Natürlicherweise gibt es keine naturgegebenen männlichen oder weiblichen Fähigkeiten. Bestimmte Fähigkeiten werden als geschlechtsspezifisch interpretiert, weil sie zur gesellschaftlichen Geschlechterrolle passen. Im Laufe der Sozialisation werden diese bestimmten Verhaltensweisen verinnerlicht und zu einem Teil der Identität. Von Geburt an sehen Kinder, wie Mädchen und Jungen bzw. Männer und Frauen sich verhalten, bzw. was von ihnen verlangt wird, um der Geschlechterrolle zu entsprechen. Kinder sehen, was Erwachsene tun, wie sie sich zurecht machen usw. Kinder orientieren sich selbstverständlich an dem, was sie alltäglich vorfinden, suchen sich die ihrem Geschlecht entsprechenden Angebote von Rollenmodellen und ahmen sie immer wieder nach – bis sie einverleibt sind.

Teamimpuls – Doing Gender in der pädagogischen Praxis

- Kennen Sie das Doing-Gender-Prinzip aus Ihrem Alltag? Haben Sie es schon einmal erlebt, dass Sie ein Gegenüber nicht als eindeutig männlich oder weiblich einordnen konnten? Woran haben Sie sich möglicherweise orientiert, um das Geschlecht des Gegenübers zu bestimmen (z. B. an der Art und Weise sich zu kleiden, zu frisieren, zu schminken, Schmuck zu tragen, die Stimmhöhe oder die Körperbehaarung)?
- Wo sehen Sie Doing-Gender-Prozesse bei den Kindern Ihrer Gruppe? Was unternehmen die Kinder, um sich als eindeutig weiblich oder

männlich zu definieren? Beispiel: Die Kinder ziehen die Kleidung an, die zu ihrer Geschlechterrolle passt. Sie bevorzugen die Farben, die zur Rolle der Mädchen oder der Jungen passen. Sie spielen die TV-Serien/Filme nach, die „für Jungen" (z. B. Feuerwehrmann Sam) oder „für Mädchen" (z. B. Anna und Elsa) sind.

- Doing-Gender-Prozesse finden in sozialen Interaktionen statt. Welche sozialen Prozesse lassen sich diesbezüglich im Gruppengeschehen beobachten? (Zum Beispiel wenn Mädchen in Konflikten schneller einlenken als Jungen oder wenn eine Jungengruppe ruft: „Jungs sind stärker – Mädchen kommen in den Kerker!")
- Haben Sie bei Kindern im Laufe der vielen Kindergartenjahre, die Sie diese begleiten, eindeutige Situationen gesehen, in denen Doing-Gender-Prozesse deutlicher hervortraten als zuvor? (Zum Beispiel hat die dreijährige Tara in den ersten Kindergartenmonaten stets sehr kurze Haare getragen und die Art, sich zu kleiden, war unwichtig. Mit fünf Jahren besteht sie darauf, die Haare immer länger wachsen zu lassen, und sie liebt Kleidung in rosa, pink und Pastellfarben.)

Doing Gender ist ein sozialer Prozess. Es gehören also immer mindestens zwei Personen dazu. Pädagogische Fachkräfte sind Teil dieser Prozesse. Sie tragen aktiv dazu bei, indem sie Jungen und Mädchen unterschiedlich gemäß ihren zugewiesenen Geschlechterrollen behandeln. So zeigte eine Studie (Ducret/Nanjoud 2012), dass beispielsweise Mädchen mehr Komplimente hinsichtlich ihres Aussehens von der pädagogischen Fachkraft bekommen, während Jungen für ihre physische Kraft gelobt werden. Geschlechteruntypische Spiele werden von Erzieher*innen nicht so intensiv begleitet wie geschlechterkonforme Spiele. Streiten sich Kinder, so werden Mädchen von der pädagogischen Fachkraft häufiger zur Versöhnung gebeten als Jungen. Mädchen werden durchschnittlich weniger gelobt als Jungen. Diese Verhaltensweisen der pädagogischen Fachkräfte laufen meist unbewusst ab. Sie handeln situativ intuitiv und verhalten sich spontan gemäß ihren eigenen Fähigkeiten, Vorlieben und Interessen. (vgl. Focks 2016, 46 ff.) Dieses geschieht auch, wenn die Erzieher*innen geschlechtstypischen Geschlechterrollen auch kritisch gegenüberstehen. Es ist also absolut notwendig, die eigene Kommunikation und Interaktion immer wieder bewusst zu reflektieren, um Kinder nicht durch Doing Gender-Prozesse einzuengen.

Selbstreflexion – Meine Beziehung zu Jungen und Mädchen

- In welchen Situationen nehmen Sie die Kinder als Mädchen oder Jungen wahr?
- In welchen Situationen sprechen Sie die Kinder als Mädchen oder Jungen an?
- In welchen Situationen haben Sie geschlechtsspezifische Erwartungen an die Kinder?
- Welche Verhaltensweisen unterstützen Sie bei Jungen? Welche Verhaltensweisen unterstützen Sie bei Mädchen?
- Welche Verhaltensweisen von Jungen und von Mädchen nerven Sie manchmal?
- Wie lösen Sie Konflikte zwischen Jungen und Mädchen?
- Gibt es Aufgaben, die Sie lieber oder öfter an Jungen übertragen? Gibt es Aufgaben, die Sie lieber oder öfter den Mädchen geben?

Körperliche Geschlechterrolleninszenierungen

Geschlechterrollen verinnerlicht man im Lauf der eigenen Sozialisation. Sie entstehen und vollziehen sich zumeist automatisch und unbewusst. Zu sehen ist das sehr gut in der Körpersprache. Männer und Frauen bewegen sich unterschiedlich in der Öffentlichkeit. Wie läuft eine Frau durch ein schickes Restaurant? Wie bewegt sich hingegen ein Mann? Wie sitzt eine Frau bei einer angeregten Unterhaltung im Café? Welche Körperhaltung, Mimik und Gestik zeigt ein Mann in einer solchen Situation? Durchschnittliche Unterschiede lassen sich durch bewusstes Hinschauen in sozialen Situationen schnell erfassen. So sitzen Männer öfter breitbeinig und raumgreifender auf ihrem Platz in der Straßenbahn als Frauen. Diese körperlichen Darstellungsweisen werden auch in Zeitschriften, auf Werbeplakaten oder in Versandhauskatalogen sichtbar. Doing Gender findet also auch in der Körpersprache statt. Die geschlechtsspezifischen körperlichen Inszenierungen spiegeln die beiden Geschlechtsrollenbilder wider, die von Männern und Frauen erwartet werden. Die meisten sozialen Informationen werden körpersprachlich ausgedrückt. Körpersprache wird von anderen Menschen immer direkter, schneller und überzeugender aufgenommen als das gesprochene Wort. Sitzt beispielsweise ein Mann breitbeinig und entspannt auf einem Stuhl, lässig zurückgelehnt, die Arme hinter dem Kopf verschränkt, und sagt grinsend: „Ich bin ja eher so der zurückhaltende, schüchterne Typ", würde man ihm das gesprochene Wort nicht abnehmen, sondern den gegenteiligen Eindruck haben, den, der körpersprachlich vermittelt wird.

Beobachtungen und die Durchsicht gängiger sogenannter „Frauenzeitungen" zeigen: Männer werden körpersprachlich oft selbstsicherer und körperlich stabiler dargestellt als Frauen. Frauen werden in ihrer Geschlechterrolle häufig schüchtern oder auch hilflos dargestellt. Sie äußern mimisch und gestisch Gefühle, während bei dargestellten Männern Emotionen nicht in diesem Maße abzulesen sind. Manchmal werden Frauen gezeigt, die lachend oder leidenschaftlich den Kopf nach hinten oder stark zur Seite neigen. Im Tierreich ist diese Pose, beispielsweise bei Wölfen, ein Zeichen der Unterwerfung („Kehle zeigen"). Männer zeigen diese Haltung eher nicht in der Öffentlichkeit. Insgesamt werden Frauen, u. a. durch das Zeigen von Gefühlen, kindlicher als Männer dargestellt. Frauen und Männer werden also entsprechend der gesellschaftlichen Rolle dargestellt und sie stellen sich im öffentlichen Raum auch oft selber so dar. Von Natur aus neigen Frauen nicht dazu, instabil x-beinig im engen Rock und Stöckelschuhen herumzustehen und Männer ebenso wenig dazu, raumgreifend, selbstsicher und emotionslos aufzutreten. Diesen Doing-Gender-Inszenierungen passen sich Jungen und Mädchen im Laufe ihrer Sozialisation an. Unbewusst werden die körperlichen Ausdrucksweisen der Geschlechterrollen wahrgenommen, aufgenommen und auf sich selber angewendet. Das ist kinderleicht und „wie Fahrradfahren" – es passiert automatisch und wird nicht verlernt.

Selbstreflexion/Teamimpuls – Die Inszenierung der Geschlechterrollen

Bei dieser Übung geht es um das bewusste Spiel mit körperlichen weiblichen und männlichen Inszenierungen.

Stehen wie eine „echte Frau": Stellen Sie sich bewusst weiblich hin. Verlagern Sie dafür Ihr Gewicht auf ein Bein. Knicken Sie Ihren Körper zu einer Seite hin ab. Neigen Sie den Kopf etwas zur Seite. Verharren Sie einen Moment in dieser Pose. Nehmen Sie wahr, wie Sie sich gerade fühlen: Fühlt sich diese Körperhaltung angenehm oder unangenehm an? Erscheint Sie Ihnen gewohnt oder fremd?

Stehen wie ein „echter Mann": Stellen Sie sich nun bewusst männlich hin.

Stellen Sie Ihre Füße mindestens hüftbreit auf. Das Gewicht ist dabei auf beide Füße gleich verteilt. Lassen Sie die Schultern nach unten sinken und die Arme locker neben dem Körper hängen. Verharren Sie einen Moment in dieser Pose. Nehmen Sie wahr, wie Sie sich gerade fühlen: Fühlt sich diese Körperhaltung angenehm oder unangenehm an? Erscheint Sie Ihnen gewohnt oder fremd?

Schütteln Sie Ihren Körper kurz aus und setzen Sie sich wieder in den Stuhlkreis.

Tauschen Sie sich in der Gruppe aus:

- Welche Körperhaltung war Ihnen aus dem Alltag vertrauter?
- In welchen Situationen stehen Sie in ihrer vertrauteren Position da? In welchen Situationen stehen Sie in der anderen Position?
- In welcher Pose haben Sie sich wohler gefühlt? Warum haben Sie sich wohler gefühlt? (vgl. Mühlen-Achs 2008, 127 ff.)

9 Wie lernen Kinder, sich gemäß ihrer Geschlechterrolle zu verhalten?

Lernen durch Verstärkung

Das Kind verändert sein Verhalten, indem es von der Umwelt belohnt oder bestraft wird. Die Wahrscheinlichkeit ist hoch, dass ein positiv verstärktes Verhalten wieder gezeigt wird. Jungen und Mädchen erfahren täglich positive oder negative Bestärkung ihres geschlechtlichen Rollenverhaltens. So wird ein Mädchen beispielsweise für ihr hübsches Aussehen in ihrem geblümten Kleid gelobt, während ein Junge keine Bestärkung darin erlebt, sich in diesem Kleid zu zeigen. Er würde auch keine positive Verstärkung erfahren, wenn er in einer geblümten Shorts herumlaufen würde, aber für seine Stärke, die mit Erde befüllte Schubkarre durch den Garten zu schieben, erfährt er sicher ein Lob. So lernen die Kinder, was sie als Junge und Mädchen richtig machen und was sie lieber lassen sollten. Kein Kind ist in der Lage, sich von dem Urteil der Umwelt freizumachen und unbeeinflusst zu bleiben, und verhält sich entsprechend der Resonanz auf sein Verhalten.

Lernen am Modell

Als eine Erweiterung des Lernens durch Verstärkung kann das Lernen durch Nachahmung gesehen werden. Kinder ahmen ganze Verhaltenskomplexe nach. Bereits im zweiten Lebensjahr lässt sich beobachten, dass Jungen und Mädchen ihre gleichgeschlechtliche Bezugsperson imitieren. Die Kinder suchen sich ein passendes Modell, beobachten es genau und ahmen es nach. Im Kindergartenalter sind es insbesondere Eltern oder andere erwachsene Bezugspersonen wie Erzieher*innen, die als Modell für Jungen und Mädchen fungieren. Aber auch die Medien nehmen diesbezüglich eine stets größere Bedeutung ein. Durch die Beobachtung und Imitation weiblicher und männlicher Modelle werden Kinder zu einem meist rollenstereotypen Verhalten angeregt. Die Verstärkung durch die Mitmenschen (also positive und keine positive Reaktion auf das von den Kindern gezeigte Verhalten) ist ausschlaggebend dafür, ob das Kind das

Verhalten beibehält oder nicht wieder zeigen wird. Die Kinder orientieren sich also an Erwachsenen, um herauszufinden, wie sie selber als erwachsene Mann oder Frau werden können. Insbesondere im Kindergartenalter, in dem die Hauptaufgabe des Kindes der Aufbau der Geschlechtsidentität ist, werden von erwachsenen Vorbildern bedeutsame Impulse gegeben. Dabei wählen die Kinder jedoch Modelle beider Geschlechter aus und sammeln so Informationen über Jungen und Mädchen bzw. Männer und Frauen. Sie reproduzieren jedoch meist nur das Verhalten eines gleichgeschlechtlichen Modells.

Beispiel

Evi ist vier Jahre alt. Sie beobachtet, dass ihre Mutter jeden Tag in der Küche ein warmes Abendessen für die Familie zubereitet. Wenn der Papa abends von der Arbeit kommt, wird gleich gemeinsam gegessen. Jeden Abend lächelt der Papa die Mama an und sagt: „Mein Schatz, wie lecker du wieder gekocht hast! Dafür bekommst du einen dicken Kuss!“ Er steht auf, küsst die Mama auf die Wange, und sie strahlt vor Glück. Evi möchte ihrem Papa auch so eine Freude machen und „im Rampenlicht“ stehen wie die Mama. Evi stellt sich zur Mutter in die Küche und möchte beim Kochen behilflich sein. Sie versucht genau die Handgriffe zu machen, die sie bei ihrer Mutter gesehen hat.

Wer ist ein Modell für Kinder?

Die Entwicklung der Kinder wird erheblich davon beeinflusst, welche Verhaltensweisen sie bei Menschen in ihrem Alltag beobachten können und welche Modelle ihnen zur Verfügung stehen. Im Prinzip kann jeder Mensch ein Modell sein. Es werden allerdings von einem Kind Menschen als Modell ausgewählt, die folgende Bedingungen erfüllen:

- Je positiver und intensiver die Beziehung zwischen Kind und Modell ist, desto wahrscheinlicher ist es, dass das Kind das Verhalten des Modells nachahmt.
- Das Modell ist fürsorglich.
- Das Modell hat einen höheren sozialen Status.
- Das Modell kann Macht ausüben.
- Das Kind muss sehen, dass das Modell mit seinem Verhalten in seinen Augen erfolgreich ist.

Führt man sich diese Bedingungen vor Augen, so liegt es nahe, dass insbesondere Erzieher*innen von den Kindern als ein Modell ausgesucht werden. Erzieher*innen haben also tatsächlich eine erhebliche „Vorbildfunktion". Aus Untersuchungen in Kindergärten geht hervor, dass Kinder bei einer Erläuterung eines Spieles es vorziehen, wenn sie von einem Erwachsenen die Regeln lernen, als wenn andere Kinder sie ihnen beibringen. Sie achten beim Spiel sehr streng darauf, dass die Regeln genauso eingehalten werden, wie die Erwachsenen sie erklärt hatten. Diese Regeln wurden als „wahr" und „Standard" wahrgenommen. (Vgl. http://arbeitsblaetter.stangl-taller.at/LERNEN/Modelllernen.shtml)

Je jünger die Jungen sind, desto weniger Modelle stehen ihnen im Alltag zur Verfügung. Noch immer ist die Welt der Kleinkinder voller Frauen und es mangelt an Männern. Jungen, die keine realen männlichen Modelle in ihrem Alltag erleben, greifen häufig auf Medienhelden zurück. Diese sind allerdings keine brauchbaren Vorbilder, denn ihnen fehlt die gesamte Bandbreite menschlicher Emotionen, Stärken und Schwächen. Zudem interagieren diese fiktiven, lebensfernen Wesen niemals real mit einem Kind.

Beispiel

Der kleine Valentin schaut im Fernsehen sehr oft eine Serie, in der ein Superheld durch geschicktes Kämpfen Bösewichter, die andere Menschen bedrohen, in die Flucht schickt. Am Ende jeder Folge danken die Menschen dem Helden, denn er hat den Bösewicht unschädlich gemacht und die Menschheit gerettet!

In der Kita nehmen zwei Kinder einem jüngeren Kind das Spielzeugauto weg. Valentin schreitet ein: Er schubst und boxt die zwei älteren Kinder und reißt ihnen das Auto aus der Hand.

Neben der Identifikation mit Medienhelden besteht auch die Möglichkeit, sich als Junge von allem Weiblichen abzugrenzen. Alles, was nicht weiblich ist, ist für sie männlich. Mädchen haben es oft leichter als Jungen, denn sie können sich mit weiblichen Erwachsenen ihrer Umwelt identifizieren und diese imitieren.

Jungen und Mädchen benötigen gleichermaßen reale Rollenmodelle, in denen sie sich wiedererkennen können. Da es verschiedenste Möglichkeiten gibt, wie Frauen oder wie Männer sind, sollte darauf geachtet werden, dass den Kindern sehr viele unterschiedliche Modelle zur Verfügung stehen. Die Kinder sollen eine breite Auswahl haben und die Möglichkeit, ihnen entsprechende Verhaltensweisen als ein Modell zu wählen. Nur so können sie eine wirklich individuelle, stimmige Geschlechterrolle aufbauen. Die geschlechtstypischen Modelle von Männlichkeit und Weiblichkeit reichen definitiv nicht aus. Eine pädagogische Fachkraft kann nicht viele männliche und weibliche Modelle in einer Person verkörpern. Jedoch sollte sie sich bewusst sein, welches reales Modell sie ist und welche Modelle den Kindern in der Kita fehlen. Diese Modelle sollte sie dann „ins Haus" holen. Dafür bieten sich vor allem Bilderbücher als Medium an. Bei der Auswahl der Bilderbücher sollte stets darauf geachtet werden, dass Geschlechterrollenbilder, fern der Rollenstereotype, deutlich werden. Um weitere Rollenbilder zu geben, können auch gezielt Menschen in den Kindergarten eingeladen werden, die rollenuntypische Berufe oder Hobbys haben und diese vorstellen. So kann beispielsweise ein Vater aus seinem Berufsalltag als Krankenpfleger berichten. Vielleicht ist es möglich, dass die Kinder an die Arbeitsplätze der Eltern eingeladen werden. Die Kindergruppe könnte z. B. die Tischlerei einer Mutter besichtigen. Auch die Vorstellung von geschlechteruntypischen Hobbys von Müttern, Vätern oder anderen Erwachsenen erweitert das Rollenbild. Gibt es einen Mann, der gerne näht und den Kindern dieses vorstellt? Oder eine Frau, die gerne angeln geht und den Kindern das Werkzeug dafür und spannende Angelgeschichten mitbringen kann?

Teamimpuls – „Ich als Modell für Jungen und Mädchen"

Material: Papier, Stifte

Vorbereitung: Setzen Sie sich gemeinsam an einen Tisch. Jede*r bekommt ein Blatt Papier und einen Stift. Schreiben Sie oben auf das Papier Ihren Namen.

Durchführung: Überlegen Sie: Was für ein Modell sehen die Jungen und Mädchen in Ihnen? Welche Stärken haben Sie, die als Vorbild dienen können? Schreiben Sie Ihre Einfälle in Stichworten auf. Wenn alle fertig sind, reichen Sie das Papier an den linken Nachbarn oder die linke Nachbarin weiter. Diese*r soll nun schreiben, welche Stärken sie an der Person wahrnimmt, deren Namen auf dem Papier steht. Sind wieder alle fertig, wird das Papier wieder links herum weitergegeben. Kommt es wieder bei der ursprünglichen Person an, liest jede*r die aufgeschriebenen Stärken von sich durch. Danach können bei Bedarf Nachfragen gestellt werden. Es tut gut, die eigenen Stärken vor Augen geführt zu bekommen, indem andere diese spiegeln.

Möglicherweise möchten Sie aber auch weitere Stärken dazugewinnen und wünschen sich, eine handwerklich kompetente Frau zu sein. Tauschen Sie sich im Team über diese Wünsche aus. Vielleicht tun sich Möglichkeiten und gegenseitige Hilfen auf, um diese Kompetenzen zu erlernen!

Teamimpuls – Geschlechterrollenmodelle in der Kita

- Können Sie sich daran erinnern, welche Menschen Sie als Modelle im Lauf Ihres Lebens zur Nachahmung ausgesucht haben? Was hat Sie an diesen Menschen so beeindruckt?
- Welche Modelle werden den Jungen und den Mädchen Ihrer Kitagruppe geboten?
- Welche Modelle fehlen Ihrer Ansicht nach für Jungen und Mädchen?
- Was können Sie konkret tun, um den Kindern Ihrer Kita weitere Geschlechterrollen näherzubringen? (Können Sie andere Erwachsene mit einspannen? Wer böte sich an? Was kann diese Person, so dass die Kinder ein weiteres Geschlechterbild bekommen?) Diskutieren Sie Ihre Ideen in der Gruppe und erstellen Sie einen konkreten Umsetzungsplan.

10 Gender-Marketing – Aufgepasst im pädagogischen Alltag!

Betritt man einen Spielzeugladen, so wird rasch deutlich, was mit Gender-Marketing gemeint ist. Die meisten Produkte sind durch Farben oder Figuren so gekennzeichnet, dass diese in die Kategorien „für Mädchen“ und „für Jungen“ aufgeteilt sind. Ob Trinkflaschen, Bettwäsche, Pflaster, Kinderbücher, Strümpfe, Puzzle – alles wird durch einen Gender-Marker gekennzeichnet. Jeder Erwachsene und jedes Kind ab dem Vorschulalter weiß, dass die blaue Bettwäsche mit gefährlich aussehenden Dinosauriern nicht für Mädchen ist, sondern für Jungen. Die Bettwäsche mit den Fohlen, die einem Sonnenuntergang entgegengaloppieren, ist für Mädchen. Pflaster mit einer Fee darauf können Mädchenwunden heilen, während ein Pflaster mit Haien das eher nicht kann. Die passen aber prima auf Jungenhaut. Auch in Drogerien wird man schnell fündig: Die glitzernde, rosa Zahnpasta ist für Mädchen und die blaue Zahnpasta mit dem Seeräuber auf der Tube für Jungenzähne. Blaue Feuchttücher sind für den Jungenpopo und Mädchenpopos vertragen die rosa und lieblicher duftenden Feuchttücher besser. Weiter geht es im Supermarkt, wo die blauen Überraschungseier auf Jungen und die rosa Eier auf die Mädchen warten. Gender-Marketing bewirkt, dass die Geschlechter noch mehr, zusätzlich zu den erlebten Rollen, voneinander getrennt werden. Die Unterschiede werden hervorgehoben und Gemeinsamkeiten unter den Tisch gekehrt.

Und was hat haben diese Beobachtungen mit der Kita zu tun? Hier gibt es ja schließlich keine rosafarbenen Kleiderhaken für Mädchen und blaue für Jungen. Und dennoch wird hier die Zweiteilung in weiblich und männlich sehr deutlich, denn die Kinder bringen geschlechtsspezifische Produkte mit und sind überzeugt davon, dass die Zuordnungen „für Mädchen“ und „für Jungen“ richtig sind (siehe S. XX, Entwicklung der Geschlechtsidentität). In der Folge maßregeln sich die Kinder untereinander und weisen Kinder, die sich nicht entsprechend ihrer Geschlechterkategorie verhalten, also beispielsweise die falschen Hausschuhe anhaben, in ihre Schranken. Die Geschlechterpolizei ist stets im Dienst! „Die Hausschuhe sind für Mädchen! Ihh, Paul hat Mädchenhausschuhe!“ Und auch pädagogische Fachkräfte maßregeln unbewusst, indem sie einen Jungen mit Nagellack ansprechen, ob dieser wohl von der großen Schwester und dass er „besonders“ schön sei, während es bei einem Mädchen nicht so spektakulär hervorgehoben werden würde.

Stereotype Produkte vergrößern die Kluft zwischen Jungen und Mädchen. Warum gibt es so etwas? Nur aus einem Grund: Es lässt sich Geld damit machen. Besonders eine Familie, die einen Sohn und eine Tochter hat, merkt, dass es auf den Geldbeutel schlägt, wenn alles doppelt angeschafft werden muss und vieles nicht weitervererbt werden kann, nur weil es die „falsche“ Farbe hat. Das rosa Fahrrad muss neu gekauft werden, wenn der Bruder damit noch ungestraft in den Kindergarten fahren soll, oder zumindest blau angemalt werden. Ein Spielzeug wird dann „für Mädchen“ oder „für Jungen“, wenn ein entsprechendes „Genderetikett“ darauf ist. Ein rosa Spielzeug ist plötzlich nicht mehr „für Mädchen“, wenn die rosa Farbe verschwindet. Die Mädchen verlieren dann das Interesse. Eine Untersuchung ergab, dass Vierjährige dreimal so lange mit einem Xylofon oder Luftballon spielten, wenn ihnen gesagt wurde, dass dieses Spielzeug speziell für ihr Geschlecht ist! (vgl. Fine 2012, 359) Es gibt keinen Grund, weshalb ein bestimmtes Spielzeug nur für Jungen oder nur für Mädchen sein soll, außer dass der Hersteller damit Geld verdient. Schließlich sind es Erwachsene, die für Genderetiketten verantwortlich sind.

Ganz besonders pädagogischen Fachkräften sollte dieses stets bewusst sein. Sie sollten ihre Kita möglichst frei von Materialien mit rosa und blauen Erkennungsmerkmalen halten oder dieses mit den Kindern immer wieder thematisieren. Dabei sollte stets sensibel vorgegangen werden. Es darf nicht vergessen werden, dass sich beispielsweise ein Junge mit dem Feuerwehrmann Sam identifiziert und dieses sein „Alltagsheld“ ist. Dieser Junge sollte nicht plump in Frage gestellt oder gar schlecht gemacht werden. Damit würde der Junge gekränkt werden. Vielmehr sollte es darum gehen, den Kindern vor Augen zu führen, dass auch Mädchen sich am Feuerwehrmann Sam oder seiner Kollegin Penny erfreuen können. Jedes Geschlecht darf aus dem großen Angebot auswählen und dazu ermutigt werden, sich nicht durch eine Gendermarke beeinflussen zu lassen.

▸▸ **Interessant:** Die Initiative „Pinkstinks“ lehnt sich gegen Waren und Produkte auf, die Jungen und Mädchen eindeutige Geschlechterrollen zuweisen. Es lohnt sich immer ein Blick auf die Homepage: https://pinkstinks.de

Teamimpuls – Gendermarkierungen auf Spielmaterial

- Finden die Kinder in der Kita Spielmaterialien mit einem „Genderetikett“ vor, die aufgrund dessen überwiegend von Jungen oder Mädchen genutzt werden (zum Beispiel rosa Puppengeschirr in der Spielküche)?
- Wie können diese auf Vorschulkinder einschränkend wirkenden Genderetiketts entfernt und das Spielmaterial attraktiv für alle Kinder gestaltet werden?
- An welchen Stellen sehen Sie Genderetikettierungen auf Gegenständen wie Brotdosen, Rucksäcken, Kleidungsstücken oder Zahnbürsten?
- Sammeln Sie konkrete Ideen, wie Sie das Thema „Produkte für Mädchen“ und „Produkte für Jungen“ sensibel und einfühlend thematisieren können.

Teil II
Ideen zur Umsetzung geschlechtersensibler Pädagogik

11 Geschlechtersensible Pädagogik in der Kita

Es gibt nicht die eine gendersensible oder genderbewusste Pädagogik. Vielmehr ist mit diesen Begriffen eine innere Haltung der pädagogischen Fachkraft gemeint, die vor allem soziale Geschlechtsunterschiede bei den Kindern wahrnimmt, die Stereotypen erkennt und diese angemessen reflektiert und handelt. Das Reflektieren, pädagogische Denken und Handeln bezieht den Genderaspekt also immer mit ein. Das gilt auch für das Planen konkreter Angebote und Projekte. Gendersensibles Denken und Handeln ist damit eine Kompetenz, die auf alle Bereiche der Kita übertragen werden muss.

Durch geschlechtersensible Pädagogik soll Kindern ermöglicht und sollen sie dazu befähigt werden, eine Geschlechtsidentität auszugestalten, die ihren Interessen, Vorlieben und Fähigkeiten jenseits vorgegebener Geschlechterstereotypen entspricht.

Eine geschlechtersensible Arbeit kann kein einmaliges Projekt sein, sondern muss als eine Querschnittsaufgabe gesehen werden. Das Thema „Gender“ muss im pädagogischen Alltag fest verankert werden. Das braucht Zeit und Raum, damit es nicht im alltäglichen Praxistrubel untergeht.

Gendersensibles Arbeiten ist besonders anfangs sehr anstrengend, weil es immer leichter ist, auf Geschlechterstereotype zurückzugreifen und nicht darüber nachzudenken. In der geschlechtersensiblen pädagogischen Arbeit muss die pädagogische Fachkraft stets eine doppelte Blickrichtung haben: Sie muss das Kind einerseits als Junge, Mädchen oder intergeschlechtliches Kind sehen und gleichzeitig als einzigartiges Individuum!

Und bei all dem muss man auch noch authentisch sein! Es geht also stets um eine gelungene Verbindung zwischen der eigenen inneren Haltung, also den eigenen Gefühlen, und dem pädagogischen Fachwissen. Wenn dieses an der einen oder anderen Stelle „hakt“, so ist es hilfreich, die eigenen Gefühle und Gedanken stärker in den Blick zu nehmen.

12 Denkfallen pädagogischer Fachkräfte, die einem geschlechtergerechten Umgang im Wege stehen

Falle 1:
„Ich behandele Jungen und Mädchen genau gleich!“ – Unbewusst werden Geschlechterstereotype verstärkt

Viele pädagogische Fachkräfte gehen davon aus, dass sie Jungen und Mädchen gleich behandeln. Das ist ihr Wunsch und ihr Ziel, denn eine Gleichbehandlung bedeutet auch, dass sie weder Jungen noch Mädchen benachteiligen. Diesem Anspruch allerdings kann niemand gerecht werden, denn kein Mensch kann sich von innewohnenden Rollengeschlechterbildern und Rollenerwartungen freimachen. Jeder Mensch ist sozialisiert und trägt unbewusst oder auch bewusst gesellschaftliche Rollenerwartungen in sich, die das Denken und Handeln beeinflussen. Schließlich sind wir alle in einer Kultur aufgewachsen, in der jeder Lebensbereich in weiblich und männlich eingeteilt ist. In allen Lebensbereichen werden wir damit konfrontiert und können diesem nicht entgehen. Nur, wenn uns bewusst ist, dass die Kultur der Zweigeschlechtlichkeit sozial konstruiert ist und wie diese Strukturen und Identitätskonstruktionen aufgebaut sind, können wir unser Denken und Handeln ändern. Ansonsten geben wir tradierte Geschlechterrollen unbewusst an die nächste Generation weiter. Das bewusste Denken und Handeln lässt sich beeinflussen und verändern. Mit unbewussten Bildern ist das viel schwieriger. Wissenschaftliche Experimente zeigen immer wieder, wie mächtig die geschlechtlichen Rollenbilder unbewusst wirken. Je nachdem, ob ein Mensch denkt, sein Gegenüber wäre männlich oder weiblich, wird dasselbe Verhalten unterschiedlich interpretiert. Es wird Unterschiedliches vom Gegenüber erwartet und diesem werden jeweils andere Emotionen, Fähigkeiten und Vorlieben angedichtet. So wurde meiner dreijährigen Tochter, die kurze braune Haare und dunkelblaue, burschikose Kleidung trug, die Technik eines Mopeds erläutert, weil Jungen sich eben dafür interessieren. Hätte sie an diesem Tag ein Kleid angehabt, wäre ihr der technische Vortrag verwehrt geblieben. Die berühmten „Baby-X-Experimente“ haben gezeigt, dass Erwachsene Babys unterschiedlich behandeln, je nachdem, ob das Baby als Mädchen oder als Junge vorgestellt wurde. (vgl. Fine 2012, 316)

Die Dresdner Tandem-Studie, die von 2010 bis 2014 durchgeführt wurde, bestätigt, dass männliche und weibliche pädagogische Fachkräfte Jungen und Mädchen unterschiedlich behandeln. Während sie mit Jungen eher gegenstandsbezogen und sachlich kommunizieren, gehen sie mit Mädchen persönlicher und fantasiebezogen um. (vgl. https://www.bmfsfj.de/blob/95342/bfb37cd96cecee0df26938510873c319/spielt-das-geschlecht-eine-rolle-tandem-studie-kurzfassung-data.pdf – S. 18) Wenn Erzieher*innen also davon ausgehen, dass sie Jungen und Mädchen gleich behandeln bzw. gleich behandeln können, so unterstützen sie unbewusst die Herausbildung geschlechtsstereotypischen Verhaltens der Kinder. Dieses führt zu einer Einschränkung der Entwicklungsmöglichkeiten und des Aufbaus einer vielfältigen, flexiblen Geschlechtsidentität. (vgl. Wallner Jahreszahl 8)

Falle 2: „Jungen bewegen sich von Natur aus lieber als Mädchen!“ – Geschlechterstereotypen werden verstärkt, wenn sie als unveränderlich angeboren betrachtet werden

Mädchen und Jungen entwickeln geschlechtsrollenkonformes Verhalten, weil sie sich die gesellschaftlichen Geschlechterrollen erfolgreich zu eigen machen. Glaubt eine pädagogische Fachkraft, rollenkonformes Verhalten wäre angeboren, dann verstärkt sie das einengende Rollenverhalten. Selbstverständlich ist es nicht angeboren, dass mehr Mädchen als Jungen am sogenannten Basteltisch im Kindergarten zu sehen sind als Jungen. Vielmehr passt es weniger zum männlichen Rollenbild, wenn sie gerne basteln. Wenn die pädagogische Fachkraft der Meinung ist, dass Jungen eben so sind, dass sie nicht gerne mit Papier, Schere, Klebstoff und Farben gestalten, dann verstärkt sie die Rollenstereotype und verbaut den Jungen den Aufbau feinmotorischer Fähigkeiten sowie gestalterische Freude mit Papier und Stiften. Jungen haben dann weniger Chancen, ein Interesse dafür zu entwickeln.

Falle 3: „Alle Jungen spielen gerne Fußball!“ – Klischees festigen durch eine gefilterte Wahrnehmung

Man nimmt nur das wahr, was in das Geschlechterraster passt. Alles andere, was auch stattfindet, wird nicht gesehen. So wird gesehen, dass alle Jungen gerne Fußball spielen, und übersehen, dass zwei der Jungen nie Fußball spielen, sondern sich lieber in der Rollenspielecke verkleiden. Jeder Junge, der verkündet, er möchte jetzt Fußball spielen, löst ein „Siehst du! Da habe ich ja richtig gedacht. Alle Jungen wollen Fußball spielen!“ beim Erwachsenen aus. Die gefilterte Wahrnehmung bestätigt immer wieder die Annahme über Jungen und Mädchen und wird gefestigt. Es entstehen immer starrere Rollenklischees. Die Individualität eines jeden Jungen und Mädchens wird nicht wahrgenommen und vermeintlich geschlechtsuntypisches Verhalten wird nicht gefördert. So werden Jungen und Mädchen erzogen und am Ende bestätigt sich das alte Denken wieder: „Ja, Jungen spielen eben gerne Fußball! Und Mädchen interessieren sich für Ponys.“

13 Heteronormativität und Kinder aus Regenbogenfamilien

In der Kultur der Zweigeschlechtlichkeit kommt lediglich das männliche und das weibliche Geschlecht vor. Deshalb wird diese Kultur als heteronormativ bezeichnet. Es wird davon ausgegangen, dass jeder Mensch ein eindeutiges körperliches weibliches oder männliches Geschlecht hat, die zum Geschlecht passende Geschlechtsidentität aufbaut und die dementsprechende gesellschaftliche Geschlechterrolle erfüllt. Alle Menschen sind heterosexuell. Das bedeutet, dass Männer ausschließlich an Frauen sexuell interessiert sind und Frauen ausschließlich an Männern. Andere Tatsachen, Gefühle und Verhaltensweisen sind nicht vorgesehen und werden nicht als selbstverständlich akzeptiert, sondern ausgegrenzt. In der Realität ist das nicht zwangsläufig gegeben. Es gibt eine große Bandbreite an geschlechtlicher und sexueller Vielfalt. In Kitas sind beispielsweise auch schwule und lesbische Eltern, die ihr Kind dort betreuen lassen. Die Kinder aus Regenbogenfamilien werden öfter diskriminiert und stigmatisiert als Kinder aus anderen Familienformen. Eine deutsche Studie dazu brachte hervor, dass 46 % der befragten Kinder aus Regenbogenfamilien von anderen diskriminiert wurden, ob durch Beleidigungen, Beschimpfungen, Beschädigung ihres Eigentums oder durch körperliche Übergriffe. Diese kommen vor allem von Gleichaltrigen aus dem sozialen Umfeld der Kinder. (vgl. Nordt 2012) Die Kinder leiden darunter, dass ihre Lebens- und Familienform in Kitas (und Schulen) nicht vorkommt und ignoriert wird. Pädagogische Fachkräfte sollten insbesondere dann, wenn Kinder in ihrer Gruppe aus einer Regenbogenfamilie kommen, darauf achten, dass diese Familienform immer mitbedacht wird, wenn es um Familie und Zuhause geht. Sie soll wertgeschätzt werden und genauso vorkommen wie heteronormative Familien. Das ist nicht nur für eine gesunde Entwicklung der betroffenen Kinder wichtig, sondern auch für alle anderen Kinder der Gruppe. Dieses bezieht sich nicht nur auf die Bandbreite der menschlichen Möglichkeiten in Bezug auf die Entwicklung, sondern auch auf die Möglichkeiten der Zukunftsgestaltung. Auch wenn keine Regenbogenfamilien, Transkinder oder intergeschlechtliche Kinder derzeit in der Kindergruppe sind, so macht alle Kinder der „Blick über den Tellerrand“ sicher nicht dümmer, sondern erweitert ihren Horizont.

Ein Vorurteil nicht aufgeklärter Eltern oder Pädagog*innen ist, dass Kindern, die mit zwei lesbischen Müttern aufwachsen, eine männliche Bezugsperson fehlt. Und umgekehrt Kindern, die mit zwei Vätern aufwachsen, eine weibliche Bindungs- und Identifikationsfigur. Dieses ist pauschal keinesfalls der Fall! Bisher gibt es lediglich eine repräsentative Studie für die Situation in Deutschland, die sich mit der Entwicklung von Kindern aus Regenbogenfamilien beschäftigt (von der Universität Bamberg, 2009). Deren Ergebnisse stimmen mit den Ergebnissen anderer internationaler Studien überein. Festzuhalten ist vor allem, dass Kinder aus Regenbogenfamilien sich nicht anders als Kinder aus anderen Familien entwickeln. Die Qualität des Zusammenlebens ist ausschlaggebend für die Entwicklung der Kinder und ihr Wohlergehen. Es geht um liebevolle Beziehungen und gute Bindungen – und um nicht die sexuelle Orientierung der Eltern.

Führungskräfte einer Kita und die pädagogischen Mitarbeiter*innen sollten bewusste Zeichen für Eltern setzen, wie etwa ein Aufkleber mit der „Regenbogenfahne“ an der Eingangstür, so dass Eltern einer Regenbogenfamilie sich willkommen, akzeptiert fühlen und sich leichter mit in die Kitaarbeit einbringen können.

Teamimpuls – Wird sexuelle Vielfalt im pädagogischen Alltag mitbedacht?

- Denken Sie in den gängigen heteronormativen Strukturen? Geben Sie Beispiele dafür (z. B. „Wenn die Kinder von einer Hochzeit reden, bringe ich sofort Braut und Bräutigam ins Spiel. Zwei Bräute oder zwei Bräutigame werden nicht thematisiert.“)
- Sind die Auswahl der Lieder, Singspiele, Bilderbücher usw. in der Kita so vielfältig, dass auch immer alternative Familienformen und sexuelle und geschlechtliche Vielfalt zu sehen ist?
- An welchen Stellen sehen Sie einen Mangel? Wie werden Sie den Mangel ausgleichen können?
- Können lesbische, schwule, intersexuelle und transgeschlechtliche Menschen in der Kita Hinweise finden, dass sie willkommen und akzeptiert sind? Welche Hinweise sind das?

Praxisangebot – Regenbogenfamilien in Bilderbüchern

Folgende Bücher thematisieren Regenbogenfamilien. Es bieten sich gemeinsame Bilderbuchbetrachtungen mit den Kindern an.

- Hallo, wer bist du denn? Darmstadt, Verlag Atelier Neundreiviertel
  Die kleine Katze kennt nur die Mama, Mami und die Scheune. Dort wohnen sie gemeinsam. Die kleine Katze verlässt zum ersten Mal die Scheune und geht spazieren. Sie fragt alle Tiere, die sie trifft: „Hallo, wer bist du denn?“ (für Kinder ab 1,5 Jahren)
- Schmitz-Weicht, Cai/Schmitz, Ka: Maxime will ein Geschwister. Darmstadt, Verlag Atelier Neundreiviertel, 2015
  In diesem Buch wird für junge Vorschulkinder (ab 2,5 Jahren) einfach erklärt, wie die beiden lesbischen Mütter von Maxime ein weiteres Baby bekommen.
- Schreiber-Wicke, Edith/Holland, Carola: Zwei Papas für Tango. Stuttgart, Thienemann Verlag, 2006
  Diese Geschichte ist wahr: Die zwei Pinguin-Männchen Roy und Silo haben ein Ei ausgebrütet und ein Pinguinbaby kommt zur Welt. Erst waren die Tierpfleger skeptisch, aber Tango wurde ein fröhliches Pinguinkind mit seinen beiden Papas.
- Düperthal, Helene: Mama + Mamusch: Ich bin ein Herzenswunschkind. Lennestadt, Lebensweichenverlag, 2016
  Hier geht es rund um das Thema lesbische Mütter. Ana, die gerade zur Schule kommt, hat zwei Mütter. Sie ist ein Herzenswunsch-Kind und erklärt ihren neuen Mitschüler*innen, was damit gemeint ist.
- Lindebaum, Pija: Luzie Libero und der süße Onkel. Weinheim und Basel, Beltz und Gelberg, 2007
  Luzie Libero hat einen Onkel, den sie gerne mag und mit dem sie viel unternimmt. Als plötzlich Günther in der Küche des Onkels sitzt, wird sie eifersüchtig und wütend. Sie möchte nicht, dass der Mann der Freund ihres Lieblingsonkels ist. Am Ende jedoch freunden sie sich an und spielen ganz besonders gut gemeinsam Fußball.

In folgenden zwei Büchern geht es um die vielfältigen Möglichkeiten, wie Familien gestaltet werden können.

- Maxeiner, Alexandra/Kuhl, Anke: Alles Familie. Vom Kind der neuen Freundin vom Bruder von Papas früherer Frau und anderen Verwandten. Leipzig, Klett Kinderbuch, 2010

- Hoffmann, Mary/Asquith, Ros: Du gehörst dazu: Das große Buch der Familien, Frankfurt am Main, Fischer Verlage, 2010

Praxisangebot – Das ist meine Familie

Material: Din-A3-Papier, mitgebrachte Fotos der Kinder, Scheren, Klebstoff, Stifte

Vorbereitung: Die Eltern der Kinder werden gebeten, von jedem Familienmitglied ein Foto zu machen und es dem Kind mitzugeben.

Durchführung: Jedes Kind bekommt ein Blatt Papier, eine Schere, Klebstoff und Stifte. Die Kinder malen ein Haus und kleben die mitgebrachten Fotos ihrer Familienangehörigen in ihr Haus, neben ihr Haus oder an eine andere für das Kind stimmige Stelle. Am Ende werden alle Häuser aufgehängt und die Kinder stellen „ihr Haus“ samt Familienmitgliedern vor. Die pädagogische Fachkraft bespricht mit den Kindern Gemeinsamkeiten und auch Unterschiede der sichtbaren Familienformen. Ggf. regt sie die Kinder zu einem Gespräch darüber an, was Familie ausmacht. Dabei sollte deutlich werden, dass es viel mehr Familienkonstellationen als „leiblicher Vater, leibliche Mutter und Kind(er)“ gibt.

14 Zeitweilige Geschlechtertrennung im pädagogischen Alltag?

In Kindergartengruppen spielen und bilden sich Jungen und Mädchen gemeinsam. Diese Geschlechtermischung ist prinzipiell eine sinnvolle Sache, weil Jungen und Mädchen dieselben Möglichkeiten haben und dieselben Angebote erhalten. Bei genauerer Beobachtung fällt jedoch auf, dass es oft – ganz „von alleine" – zu einehr geschlechtsspezifischen Übernahme von Aufgaben kommt. Die Rollenbilder sind von Erzieher*innen und Kindern so eingeprägt, dass es erst einmal nicht auffällt, dass die Mädchen schnell das Spielmaterial aufräumen, weil die Jungen, die damit gespielt haben, es nicht tun. Und bevor alle warten, machen es mal eben schnell die Mädchen. Und wer schiebt die schweren Tische zur Seite, damit der Stuhlkreis aufgebaut werden kann? Die Jungen melden sich rasch und sind schon dabei, während Mädchen sich vielleicht ja auch noch gemeldet hätten. Ein Bild, was durch die Geschlechterbilder stimmig ist: Jungen schieben schwere Tische. Ganz der Papa. Diese Arbeitsaufteilung findet selbstverständlich nicht so plakativ statt wie eben beschrieben, aber eine geschlechtsspezifische Übernahme von Aufgaben als Tendenz oder im Durchschnitt lässt sich vielerorts beobachten. Die geschlechtsspezifische Sozialisation außerhalb der Kita wird ja nicht mit dem Morgenkreis abgestreift.

Eine zeitweise Trennung der Geschlechter kann Sozialisationsräume schaffen, in denen Jungen und Mädchen die Gelegenheit haben, neue – genderuntypische – Verhaltensweisen und Bewegungsmuster auszuprobieren und zu festigen. In geschlechtshomogenen Gruppen wird die riesige Bandbreite an Unterschieden innerhalb einer Geschlechtergruppe deutlich. Diese Wahrnehmung tut insbesondere dann gut, wenn Fachkräfte oder auch Kinder im Kitaalltag geschlechterkategorisierend denken und handeln. In geschlechtshomogenen Gruppen kann es nicht passieren, dass geschlechtsspezifische Aufgabenverteilungen auftreten.

Es können Angebote für Jungen oder für Mädchen gemacht werden oder auch lediglich geschlechtshomogene Räume zur Verfügung gestellt werden. So könnte beispielsweise die Puppenecke zeitweise nur Jungen vorbehalten sein und der Toberaum zur Mädchenzone gemacht werden. Damit haben Jungen und Mädchen die Chance, die oftmals vom anderen Geschlecht belagerten Räume zu entdecken und in Ruhe darin zu spielen.

In gemischtgeschlechtlichen Gruppen haben viele Kinder nicht die Gelegenheit, bestimmte Spielmaterialien für sich zu beanspruchen – auch nur theoretisch. Sind die Kinder geschlechtergetrennt unter sich, können sie möglicherweise geschlechteruntypische Erfahrungen machen, die sonst nicht ohne Weiteres möglich wären. Mädchen können auf die Torwandschießen, ohne dass andere Kinder drängeln oder rufen, dass Jungen es viel „besser drauf" haben! Und Jungen können nach Herzenslust mit Bügelperlen gestalten, ohne dass die Mädchen, die das schon mehr geübt haben, immer schneller und geschickter sind als sie.

In den Phasen der zeitweiligen Geschlechtertrennung ist jedoch darauf zu achten, dass sich in den Mädchen- und Jungengruppen nicht wieder eine ähnliche Hierarchie herausbildet wie in geschlechtsgemischten Gruppen! Schnell können sich Anführer*innen herauskristallisieren und „Mädchen", die zum Aufräumen oder Ausführen zugewiesener Aufgaben degradiert werden.

Teamimpuls – Beobachtungslisten

Einfach und hilfreich ist es, wenn Listen geführt werden, zum Beispiel, wer welche Aufgaben übernommen hat oder wer welche Rollen im Singkreisspiel dargestellt hat. Das Gefühl und Alltagsbeobachtungen können täuschen. Eine Liste bringt die Wahrheit zum Vorschein: „Vier Jungen und drei Mädchen haben den Prinzen oder die Prinzessin gespielt, der/die Dornröschen rettet. Dornröschen hingegen wurde bisher lediglich von 7 Mädchen gespielt."

15 Angebote und Spielimpulse für Jungen und Mädchen gendersensibel gestalten

Kinder sollen durch gezielte Angebote und Spielimpulse in den Rollen und Fähigkeiten bestärkt werden, die sie im Laufe ihrer geschlechtsspezifischen Sozialisation nicht „von selbst“ lernen und üben. So ergaben zum Beispiel Untersuchungen, dass Mütter ihre circa einjährigen Töchter hinsichtlich ihrer motorischen und körperlichen Fähigkeiten unterschätzen, während Jungen von ihren Müttern überschätzt wurden. (vgl. Fine 2012, 316) Daraus kann der Schluss gezogen werden, dass das Phänomen, einem Kind aufgrund seines Geschlechts Fähigkeiten eher zu- oder abzusprechen, sich durch die kindliche Biografie zieht. Jungen werden dann im motorischen Bereich mehr gefördert und sie trauen sich auch mehr zu. Mädchen unterschätzen sich. Dieses führt auch dazu, dass die Jungen durch die Bestärkung sich mehr motorisch bewegen und ausprobieren, vielleicht in einen Sportverein gehen. Letztendlich sind sie in diesem Bereich trainierter, weil sie mehr geübt haben als Mädchen. Andere Untersuchungen zeigten, dass Mütter mit ihren jungen Töchtern mehr sprechen als mit ihren Söhnen und mit Töchtern mehr über Gefühle sprechen als mit den Jungen. (vgl. Fine 2012, 316). Es liegt nahe, dass Mädchen das Sprechen dadurch mehr trainieren als Jungen. Die pädagogischen Fachkräfte sollten ausgleichende Angebote machen.

Bildungsbereich Bewegung

Sobald Kinder mit circa drei Jahren Bewegungssicherheit erreicht haben, werden Jungen und Mädchen auch hinsichtlich ihrer Bewegung unterschiedlich sozialisiert. Jungen werden von Erwachsenen zu action-betonten Bewegungen motiviert, während Mädchen in tänzerischen Bewegungen und sozialen, kooperativen Bewegungsmustern unterstützt werden. Obwohl Mädchen wissen, dass sie sich auch kämpferisch und wild bewegen dürfen, tun sie es oft nicht, um sich an die ihnen zugewiesene und positiv bestärkte weibliche Geschlechterrolle mit den spezifischen Bewegungsmustern anzupassen. Sie wollen sich von den Jungen abgrenzen und damit auch von den Bewegungsmustern, die Jungen zugewiesen werden, nämlich laut, raumgreifend, wettbewerbsorientiert und kämpferisch zu sein. (vgl. Hunger/Zimmer 2012) Zudem werden Jungen in Bewegungssituationen oft anders ermutigt als Mädchen. Jungen werden angespornt, schneller zu laufen oder höher zu klettern, während Mädchen zur Vorsicht angehalten werden. Das hat zur Folge, dass sich viele Mädchen motorisch unterschätzen, schließlich wird ihnen weniger zugetraut. Jungen hingegen beginnen sich oft zu überschätzen.

Noch immer gilt die fälschliche, weit verbreitete Meinung, dass Jungen von Natur aus mehr Bewegung brauchen als Mädchen. Fakt ist aber, dass alle Kinder einen hohen Bewegungsdrang haben. Daneben wird auch oft davon ausgegangen, dass Jungen und Mädchen sich in ihrer motorischen Entwicklung und motorischen Leistungen unterscheiden. Während es nach der Pubertät biologische Unterschiede zwischen Frauen und Männern, wie etwa im Knochenbau, in Struktur der Muskeln, der Struktur des Bindegewebes und bei den Kraftverhältnissen gibt, so zeigen sich diese im Vorschulalter noch nicht. Jungen und Mädchen in der Kita sind also gleichermaßen belastbar und motorisch lernfähig. (vgl. Herm 2007, 53)

Selbstreflexion – Bewegungsbiografie

- Was für ein Bewegungsvorbild sind Sie für Kinder?
- Bewegen Sie sich gerne? Welche Bewegungsarten bevorzugen Sie?
- Wie ist Ihre Bewegungssozialisation verlaufen? (In der Kindheit, im Schulsport, in Sportvereinen etc.)
- Inwieweit hat Ihr Geschlecht Einfluss auf Ihre Bewegungs- und Sportsozialisation?
- Welche Sportart möchten Sie gerne einmal ausprobieren und was finden Sie reizvoll daran?

Teamimpuls – Bewegungsverhalten der Kinder

- Wie bewegen sich die Mädchen Ihrer Gruppe? Wie bewegen sich die Jungen Ihrer Gruppe?
- Welche Bewegungsspiele bevorzugen die Mädchen besonders? Was üben sie dabei?
- Welche Bewegungsspiele bevorzugen die Jungen besonders? Was üben sie dabei?

- Was kommt bei den Mädchen zu kurz? (z. B. spielerische Kampfangebote)
- Was kommt bei den Jungen zu kurz? (z. B. Tanzangebote)
- Ermuntern Sie Mädchen und Jungen gleichermaßen zur Bewegung?
- Trauen Sie Jungen und Mädchen gleichermaßen motorische Belastbarkeit und Können zu?

Jungen und Mädchen können durch ihre geschlechtsspezifische Bewegungserziehung und Bewegungssozialisation nicht ihr volles Potential erleben, erfahren und entwickeln, sondern immer nur den Teil, der zu ihrer Geschlechterrolle passt. Pädagogische Fachkräfte müssen sich bewusst sein, was den Mädchen und den Jungen an Erlebnissen fehlt. Möglicherweise können sie geschlechtergetrennte Angebote machen. So ist es denkbar, dass die Erzieherin mit einer Gruppe Mädchen Bewegungsspiele durchführt, in denen es um Kräfte messen, Ringen und Raufen geht. Es könnte auch um körperliche Präsenz und ausladende motorische Bewegungen gehen. Denkbar wäre auch, dass Jungen unter sich kooperative Spiele spielen, ohne Wettkampf und die Frage „Wer ist der Stärkste?". Da es selbstverständlich viele zurückhaltende Jungen gibt und ebenso viele Mädchen, die sich sehr großmotorisch bewegen und Kräfte messen, ist es sicher sinnvoll, die Spiele mit beiden Geschlechtern zu spielen, aber auch mal in geschlechtergetrennten Gruppen.

Praxisangebot – Spiele zum Überschreiten eigener Grenzen für Kinder (meist weiblich sozialisiert), die dieses im Alltag nicht selbstverständlich üben können

Zeitungspringen

Material: Zeitungen, großer Kasten, kleiner Kasten, Weichbodenmatte

Vorbereitung: Der kleine Kasten wird als Aufstiegshilfe vor den großen Kasten gestellt. Die Weichbodenmatte wird vor den großen Kasten gelegt.

Durchführung: Die pädagogische Fachkraft und ein weiteres Kind stehen vor dem Kasten auf der Weichbodenmatte. Sie halten ein großes Zeitungsblatt an den Ecken gefasst zwischen sich. Sie stehen dabei so auseinander, dass die Zeitungsfläche gespannt ist. Ein Kind klettert auf den Kasten und springt auf die gespannte Zeitung, so dass diese zerreißt. Ein Spaß für die ganze Gruppe ist, wenn alle gemeinsam bis 3 zählen und das Kind bei 3 springt.

Luftballonspringen

Material: Luftballons, kleiner Kasten, Matten, Klebeband

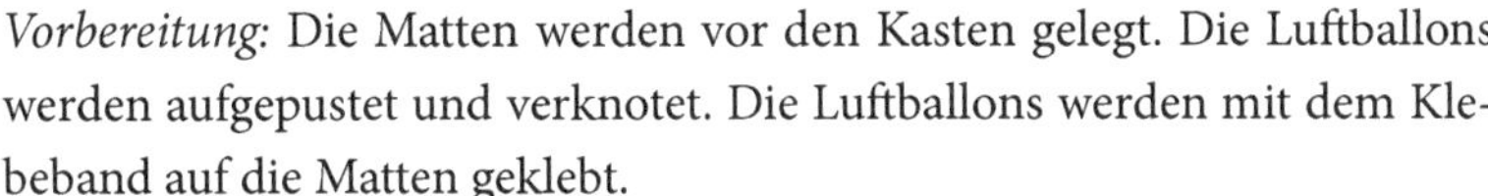

Vorbereitung: Die Matten werden vor den Kasten gelegt. Die Luftballons werden aufgepustet und verknotet. Die Luftballons werden mit dem Klebeband auf die Matten geklebt.

Durchführung: Ein Kind klettert auf den Kasten. Es springt auf die Matte, so dass mindestens ein Luftballon zum Platzen gebracht wird. Geplatzte Luftballons werden durch neue ausgetauscht.
Variation: Die Kinder nehmen Anlauf auf dem Boden und springen auf die Matten, in die Luftballons.

Praxisangebot – Kooperative Bewegungsspiele für Kinder (meist männlich sozialisiert), die dieses im Alltag nicht selbstverständlich üben können …

Ab durch den Feuerreifen!

Material: Reifen, orangenes und gelbes Krepppapier, Klebestreifen, 2 Langbänke, Kasten, Matten

Vorbereitung: Der Reifen wird mit dem Krepppapier umwickelt und beklebt. Die Bänke werden von jeweils einer Seite in einen niedrigen Kasten eingehängt. So entsteht eine Rampe hoch zum Kasten und auf der anderen Seite geht die Rampe wieder hinunter. Unter die Bänke werden Matten gelegt.

Durchführung: Die Kinder nehmen sich an die Hand, so dass eine lange Reihe entsteht. Die pädagogische Fachkraft hat einen Reifen – den Feuerreifen! Nur Sie hat „Schutzhandschuhe“ und kann ihn berühren, ohne sich zu verbrennen. Sie geht die Bank hoch und stellt sich auf den Kasten. Auf diesem Berg brennt es! Die Kinder haben nun die Aufgabe, sich Kind für Kind in einer Reihe durch den brennenden Reifen zu bewegen. Dabei dürfen sie sich nicht loslassen. Gemeinsam laufen sie die Bank hoch, jedes Kind geht durch den Reifen und gemeinsam laufen sie wieder „bergab“.

Wir bauen eine Menschenpyramide

Material: Matten

Vorbereitung: Eine Mattenfläche wird auf den Boden gelegt.

Durchführung: Die Kinder ziehen die Schuhe und Strümpfe aus. Zwei Kinder knien sich im Vierfüßlerstand mit den Fußsohlen zueinander auf die Matten. Ein drittes Kind stellt sich mit Hilfe eines vierten Kindes mit jedem Fuß jeweils auf den Beckenbereich eines knienden Kindes. Wenn das Kind gut dort oben steht, d. h. das Gleichgewicht gut halten und sich aufrichten kann, lässt es mit Absprache des vierten Kindes seine helfenden Hände los. Das vierte Kind tritt von der Matte. Da steht die Menschenpyramide. Die Auflösung ist genauso bewusst durchzuführen wie der Aufbau der Pyramide. Zunächst springt das Kind oben mit Hilfe des vierten Kindes vorsichtig ab. Erst dann richten sich die das erste und zweite Kind auf.

Bildungsbereich Musik und Rhythmik – Geschlechtergerechte Liedtexte

Kreis- und Singspiele werden in jeder Kita gespielt. Ob im Morgenkreis, beim Geburtstagsfest oder auch zwischendurch. Traditionelle Kreis- und Singspiele enthalten die alten Geschlechterklischees. Altes Kulturgut sollte selbstverständlich nicht aus der Kita verbannt werden. Jedoch sollten pädagogische Fachkräfte die Rollenstereotypen in den Liedtexten wahrnehmen und mit den Kindern thematisieren. So könnten die Kinder beispielsweise von den Rollenstereotypen und dem alltäglichen Leben auf dem Land von dem Liedtext „Die Waschfrauen“ etwas lernen. Sie waschen, sie wringen, sie bügeln, sie hängen usw. Eine andere Möglichkeit ist es, die Lieder so zu ändern, dass sie keine stereotypischen Geschlechtsrollenbilder transportieren. So könnten aus den „fleißigen Handwerkern“ auch einfach Menschen werden. „Wer will fleißige Menschen sehen, der muss zu uns Kindern gehen …“ Bei Kreisspielen, die mit festgelegten Rollen einhergehen, wie etwa „Dornröschen“, sollten die Rolle von Dornröschen und dem Prinzen nach jedem Wechsel getauscht werden. Es wäre wirklich zu langweilig, wenn nur Mädchen von Jungen gerettet werden. Aus dem Prinzen wird eine Prinzessin, aus der bösen Fee ein böser Zauberer und Dornröschen, die weiblich besetzt ist, könnte der Dornröserich werden. So werden Jungen und Mädchen gleichermaßen Rollenerfahrungen ermöglicht.

Ähnliches gilt für Liedtexte, die den Kindern in der Kita vermittelt werden. Auch sie sollten auf Geschlechterklischees hin analysiert und ggf. verändert werden. Viele pädagogische Fachkräfte machen das, so dass folgender, rhythmisch gesprochener Tischspruch auch schon in der pädagogischen Praxis gängig ist:

> „Piep, piep, piep,
> wir haben uns alle lieb.
> Jeder esse, was er kann. Nur nicht seinen Nebenmann.
> Und wir nehmen es ganz genau: Auch nicht ihre Nebenfrau!
> Piep, piep, piep, guten Appetit!"

Während Mädchen spätestens auf dem Schulhof Spiele spielen, in denen es um Sprach- oder Bewegungsrhythmus geht, gibt es keine typischen Jungenspiele mit diesem Schwerpunkt. Zu den genannten Spielen der Mädchen zählen beispielsweise das Handklatschspiel „Bei Müllers hats gebrannt-brannt-brannt", Gummitwist hüpfen oder Seilspringen.

Praxisangebot – Alternatives Rhythmikspiel

Die Kinder sitzen im Schneidersitz im Kreis auf dem Boden. Die pädagogische Fachkraft gibt folgende Bewegungen rhythmisch vor. Die Kinder steigen mit ein.

- Klatsch mit den Händen auf die Oberschenkel
- Klatsch in die Hände
- Rechte Faust hochstrecken und „Hu!" schreien
- Linke Faust hochstrecken und „Hu!" schreien.

Diese vier Elemente werden so lange wiederholt, bis jedes Kind mitmachen kann. Die pädagogische Fachkraft muss darauf achten, dass sie einen langsamen Rhythmus bestimmt. Ansonsten wird die Gruppe „von sich aus" immer schneller. Anschließend kann dazu gesprochen werden:

- Klatsch mit den Händen auf die Oberschenkel: „Ich!"
- Klatsch in die Hände: „Sag!"

- Rechte Faust hochstrecken und „Hey!“ schreien
- Linke Faust hochstrecken und „Ho!“ schreien.

Bildungsbereich Kreatives Gestalten

Gestalterische Tätigkeiten am sogenannten Mal- und Basteltisch finden in jeder Kita statt. Überwiegend sind Mädchen dort versammelt. Es wird gemalt, geschnitten und geklebt. Jungen hingegen sind dort seltener anzutreffen. Dadurch üben sie die feinmotorischen Bewegungen nicht in dem Maße, wie die Mädchen es tun. Das kann sich letztendlich auf das Malen von Buchstaben in der Schule auswirken. Es liegt sicher nicht in den Genen der Jungen, dass sie nicht so oft in der Kita malen und basteln. Vorstellbar wäre es, dass sie sich von der weiblichen Erzieherin und den Mädchen abgrenzen wollen und sich diesem weiblichen Bereich nicht zugehörig fühlen (möchten). Viele Jungen brauchen also gezielte feinmotorische Angebote, damit ihnen auch dieser Bereich zugänglich gemacht wird.

Im Gegensatz zum „Mal- und Basteltisch“ ist eine Werkbank im Gruppenraum – oder sogar in der Kita – eher selten. Werken und Bauen wird oft in den Keller der Kita verlegt oder in einen ehemaligen Abstellraum ausgelagert. Der Bereich ist den Kindern damit nicht ohne Weiteres alleine zugänglich und zu nutzen. Das hängt sicher auch mit der Unfallgefahr, die von Hammer, Nägel und Sägen ausgeht, zusammen. Schrauben, Schraubendreher, Schmirgelpapier und Holzstücke sind nach einer kindgerechten Einweisung und klaren Regeln insbesondere von den älteren Vorschulkindern selbstständig und gefahrlos zu nutzen. Möglicherweise hat diese Auslagerung des traditionellen „männlichen Bereichs“ mit einer Hemmschwelle zu tun, die viele Erzieherinnen gegenüber handwerklichen Tätigkeiten haben – weil er ihnen fremd ist. Erzieherinnen sollten sich und den Kindern die Möglichkeit eröffnen, gemeinsam an der Werkbank zu experimentieren und handwerkliche Erfahrungen zu machen. Kinder finden es in der Regel auch spannend, alte Elektrogeräte auseinanderzuschrauben und zu schauen, wie diese von Innen aussehen. Vielleicht gibt es Eltern, die ungefährliche, ausrangierte Geräte zu Hause haben, die der Kita gespendet und den Kindern (und Erzieher*innen) zum Erforschen angeboten werden können.

Alternative Angebote am Mal- und Basteltisch

Praxisangebot – Die Paw Patrol aus Papier

Material: Alltagsmaterialien, wie Schachteln oder Eierkartons, Wolle, Watte, Schere, Klebstoff, Stifte, Figuren (je nach Möglichkeiten und Interessen der Kinder, z. B. mitgebrachte Figuren der „Paw Patrol")

Durchführung: Die Kinder gestalten mit den angebotenen Materialien Fortbewegungsmittel wie Boote oder Flugobjekte sowie Häuser oder andere Dinge für die mitgebrachten Figuren.

Praxisangebot – Bälle aus Wolle

Material: Pappe, Zirkel, Stift, Schere, Wolle in verschiedenen Farben

Vorbereitung: Mit Hilfe des Zirkels wird ein 8 cm großer Kreis auf die Pappe gemalt. In den Kreis wird ein weiterer Kreis mit einem Durchschnitt von 5 cm hineingemalt. Dieses wird wiederholt, so dass zwei gleichgroße Kreise auf der Pappe sind. Diese werden ausgeschnitten. Auch das Loch in der Mitte wird herausgeschnitten.

Durchführung: Jedes Kind bekommt zwei Kreise und legt sie aneinander. Nun wickelt das Kind Wolle um die Kartonkreise: Durch die Öffnung und außen herum – bis es platzmäßig nicht weitergeht. Dann hilft die pädagogische Fachkraft dabei, mit der Spitze der Schere zwischen die Pappringe zu stechen und entlang der Ringe einmal im Kreis die Fäden auseinanderzuschneiden. Ein Wollfaden wird zwischen die beiden Pappringe gebunden und die Enden verknotet. Abschließend werden die Pappringe herausgezogen und der fertige Wollball etwas in Form gebracht. Ggf. können ein paar längere Fäden mit der Schere gekürzt werden.

Bildungsbereich Natur und Technik

Insbesondere naturwissenschaftliche und technische Angebote, die mit Mathematik, Physik oder Technik zu tun haben, sind von vielen weiblichen pädagogischen Fachkräften negativ besetzt. Viele haben während ihrer Schulzeit das Interesse an diesen männlich dominierten Bereichen verloren und sind in dem Glauben, keine Ahnung und kein Interesse an diesen Themen zu haben. Aufgrund dessen motivieren sie die Kinder auch nicht besonders zur Auseinandersetzung mit naturwissenschaftlichen und technischen Phänomenen.

Alle Kinder haben einen Forschungsdrang und sind die geborenen Forscher*innen mit einem kindlichen Blick auf die Welt, mit einem Staunen über beispielsweise einen furzenden Luftballon, dem die Luft entweicht, oder über den Schatten, der durch ein Fensterbild an die Wand projiziert wird. Über den Regenwurm, der sich durch den Boden arbeitet, und über die Wippe, die gekippt bleibt, wenn auf einer Seite ein sehr schweres Kind Platz nimmt. All diese alltäglichen Situationen sind tolle Impulse, um Phänomene zu erforschen. Und dafür reicht zuerst das Wahrnehmen und das Interesse! Ein technisches oder naturwissenschaftlichen Expert*innenwissen ist nicht notwendig. Pädagogische Fachkräfte können mit den Kindern gemeinsam forschen. Zur Hilfe gibt es viele Bilder- und Sachbücher, die die Themen kindgerecht aufarbeiten und darstellen.

Praxisangebot – Aus Naturmaterialien Schminke herstellen (für Kinder, meist „männlich" sozialisiert, die mit herkömmlicher Schminke wenig experimentieren)

Material: Lehm, Wasser, Schüsseln, Rührstäbe, verschiedene Teesorten, v. a. Roibuschtee oder Malventee und Kaffee, Handtücher, Waschlappen

Vorbereitung: – – –

Durchführung: Die Kinder mischen Lehm, Wasser und eine Substanz zum Färben (Tee/Kaffee) in jeweils einer Schüssel. Auf den nackten Armen und Beinen werden die Körpermalfarben getestet. Abschließend können sich die Kinder selber oder gegenseitig mit den Farben schminken. Da es lediglich dunkle und braune Töne gibt, bietet es sich an, eine „Kriegsbemalung" zu gestalten oder sich als ein Tier zu schminken.

▸▸ **Tipp:** Gezielte Spiele und Angebote zu allen Bildungsbereichen finden Sie im Buch:
Hubrig, Silke: Spiele für Jungs. Spiele für Mädchen. Praxisangebote für die bewusste Mädchen- und Jungenförderung in der Kita. Münster, Ökotopia Verlag, 2016, 2. Auflage

Wer bevorzugt welche Bildungsangebote in der Kita?

Insbesondere in einer Kita, die nach dem offenen Konzept arbeitet, sollten die Erzieher*innen festhalten, wie viele Jungen und wie viele Mädchen bestimmte Angebote wahrnehmen und welche weniger gewählt werden.

Um dieses schnell und unkompliziert durchzuführen, können nachstehende Tabellen genutzt werden. Dadurch lässt sich tendenziell erkennen, was die meisten Mädchen wählen und tun und was die meisten Jungen wählen und tun. Diese Auflistungen sollten, beispielsweise bei einer Teambesprechung, in regelmäßigen Abständen analysiert werden und Grundlage zur Gestaltung weiterer Angebote sein. Als Konsequenz der Auswertung sollte bei der Wahl der Angebote darauf geachtet werden, dass manchen Kindern neue Erfahrungen zugemutet werden könnten. Ansonsten kann es rasch geschehen, dass Mädchen viele mädchenspezifische Aktivitäten machen und Jungen Aktivitäten, die für ihre Geschlechterrolle typisch sind.

Teamimpuls

Wer wählt welche Angebote?

Datum: 01.10.2018

Titel des Angebots	*Wer leitet das Angebot?*	*Mädchen*	*Jungen*
Tischlaternen falten	Daniela	6	2
Kerzentropf-Bilder gestalten	Marie	7	6
Traumreise „Mein kleines Licht"	Matthias	8	1
Wir sammeln Blätter auf dem Außengelände und betrachten sie mit einer Lupe	Olga und Timo	4	12
Wir tanzen den Windtanz	Mareike	8	–

Manchmal orientieren sich die Kinder bei der Auswahl der Angebote an den Erzieher*innen, die dieses leiten. Dieses sollte auch unter dem Geschlechteraspekt berücksichtigt werden. Gehen viele Jungen zum Angebot, welches der Erzieher anbietet oder viele Mädchen zu dem der neuen Praktikantin mit den langen Haaren und der modischen Kleidung? Es sollte aber auch berücksichtigt werden, dass der Raum, in dem das Angebot stattfindet, ein Wahlkriterium sein kann. So bleiben viele jüngere

Kinder gerne in „ihrem“ Gruppenraum und gehen nicht so gerne in den Differenzierungsraum am anderen Ende der Kita. Eine Möglichkeit, um dieses aufzubrechen, wäre, die Räumlichkeiten zu tauschen oder dass Erzieher*innen im Rotationsverfahren Angebote aus allen Bildungsbereichen in unterschiedlichen Räumen machen.

Wer wählt welche Angebote?
(Kopiervorlage)

Datum: ____ ____ ________

Titel des Angebots	*Wer leitet das Angebot?*	*Mädchen*	*Jungen*

16 Freispiel – Freies Spiel für alle Kinder?

Im Rollenspiel wird oft sichtbar, wie Kinder das Verhalten der Erwachsenen wahrnehmen. Kinder verarbeiten aktiv und kreativ ihre alltäglichen Erlebnisse und Eindrücke. Sie probieren im Spiel mögliches Handeln aus.

Gender betrifft auch die Spielräume der Kita. Bereiche, die gesellschaftlich dem männlichen Bereich zugeordnet werden, sind oft weniger präsent als weiblich konnotierte Räume. So ist eine Puppenecke, ein „Basteltisch“ oder eine Verkleidungsecke obligatorisch, während eine Werkbank und die Möglichkeit zu raumgreifenden Bewegungen selten zu finden sind. Insbesondere die klassische „Puppenecke“ und die „Bauecke“, welche gesellschaftlich männlich und weiblich behaftet sind, sind in der Regel voneinander abgetrennt, so dass eine thematische Mischung kaum möglich ist. Auf die Idee, eine Suppe aus Bausteinen zu kochen, den Schmuck auf dem Laster zu transportieren oder ein Gehege für das Meerschweinchen zu bauen, kommen die Kinder seltener, wenn diese Bereich räumlich getrennt sind. Auch werden diese separat von Mädchen und Jungen bespielt. Die Bereiche werden getrennt von Mädchen und Jungen bespielt. Dieses kann stereotypische Vorstellungen von „was Jungen und Männer tun“ und „was Frauen und Mädchen tun“ verstärken. Das Umstellen der Spielmaterialien und das Auflösen der alten Ordnungen bringt oft neue geschlechterstereotype übergreifende Ideen! Die Grenzen zwischen männlichen und weiblichen Ecken werden aufgehoben. Kinder können so in die Lage versetzt werden, auch geschlechteruntypische Erfahrungen machen zu dürfen. Eine Untersuchung bestätigt, dass es für Jungen und Mädchen von Vorteil ist, wenn sie mit geschlechteruntypischem Spielzeug spielen. In einem Regensburger Kindergarten wurden die geschlechtsstereotypischen Spielecken so zusammengelegt, dass die Stereotypen aufgehoben wurden. Die Forscher*innen beobachteten das Spielverhalten der 30 Kinder vor der Veränderung der Spielecken und zwei Monate danach. Während die Kinder vorher eher geschlechtstypisch gespielt hatten, so spielten sie nach der Erfahrung der geschlechtsneutralen Spielbereiche weniger geschlechtstypisch. Jungen und Mädchen spielten miteinander umfassend mit allen Materialien. Mädchen verbesserten ihr räumliches Denken (durch den Umhang mit Bauklötzen) und Jungen zeigten ein besseres sozial-emotionales Verhalten (durch Fantasie- und Rollenspiele). Ob diese Effekte langfristig sind, ist noch nicht untersucht.

(Näheres unter: https://www.welt.de/wissenschaft/article160301276/Warum-Jungs-Ritter-und-Maedchen-Prinzessin-spielen.html)

Teamimpuls – Geschlechterspezifische Räume in unserer Kita?

- Welche Spielbereiche finden die Kinder in der Kita vor?
- Welche der Spielbereiche gelten davon – in Klischees gedacht – als männliche und welche als weibliche Bereiche?
- Welche Spielbereiche sind nicht durch gesellschaftliche Bilder einem der Geschlechter zugeordnet?
- Welche Spielbereiche befinden sich außerhalb des Raumes und sind nur eingeschränkt zugänglich (z. B. Bewegungsraum für großmotorische Bewegungen oder die Werkbank im Keller der Kita)?

Der Rollenspielbereich der Kita

Viele Rollenspielbereiche oder Verkleidungsecken von Kitas haben mehr „attraktive“ Verkleidungen für Mädchen als für Jungen. So stehen Stöckelschuhe zur Verfügung, mit denen die Kinder durch den Gruppenraum balancieren können, glitzernde, funkelnde Tücher, Klippohrringe und Haarreifen. Es sollte darauf geachtet werden, dass auch Jungen attraktives Rollenspielmaterial haben, bei dem „schön machen“ und „sich gestalten“ im Vordergrund steht. So können große, glänzende Männerschuhe zur Verfügung gestellt werden, bunte Fliegen, Krawatten, Bärte zum Ankleben, Cappies und verspiegelte Sonnenbrillen. Die Kinder sollten Kostümierungsmöglichkeiten haben, so dass Jungen und Mädchen kreativ mit ihnen spielen können, ohne zwangsläufig aus ihrer zugewiesenen Geschlechterrolle zu fallen. Vielen Kindern finden es aber auch sehr lustig, sich gegengeschlechtlich zu verkleiden. Zudem sollte realitätsnahes Spielmaterial zur Verfügung gestellt werden, mit denen die Kinder sich – auch geschlechtsuntypisch – erproben können. Das können beispielsweise ein ausrangierter Computer oder ein Handy sein, ein Werkzeugkoffer, Einkaufstaschen, Geldbörsen, Schlüsselbunde, Haarbürsten, Haarspangen, alte Bügeleisen, Wäschekörbe, Staubsauger, Schreibutensilien, Puppenwagen usw. Bei Verkleidungen, mit denen Berufe verkörpert werden können, sollte stets darauf geachtet werden, dass das Spiel zu männlichen und weiblichen Rollen passt. So sollte beispielsweise neben dem Krankenschwesterkostüm auch ein Krankenpflegerkostüm vorhanden sein. Neben Batman und Spiderman sollten auch Superheldinnenkostüme im Angebot sein und Prinzenkostüme sollten im selben Maß präsent sein wie Prinzessinnenverkleidungen.

Kreativ können Kinder insbesondere mit Materialien umgehen, mit denen sie sich individuelle Verkleidungen gestalten können. Tücher, Stoffbahnen, Mützen, einfarbige Leggins und T-Shirts, Stulpen, Wäscheklammern und Hosengummibänder gehören genauso dazu wie Schminkstifte und Utensilien zum Abschminken. Wichtig ist selbstverständlich auch ein großer Spiegel, in dem sich die Kinder in ihren gegenwärtigen Rollen betrachten können, wenn sie möchten.

Teamimpuls – Wird unser Rollenspielbereich wirklich allen Kindern gerecht?

- Ist im Rollenspielbereich genug Verkleidungs- und Spielmaterial vorhanden, damit Kinder gleichermaßen typisch weibliche und typisch männliche Berufe spielen können?
- Gibt es für weibliche und männliche Rollen gleichermaßen attraktive Verkleidungen?
- Gibt es Materialien, mit denen die Kinder ihre individuellen Verkleidungen gestalten können?
- Gibt es Schminkstifte, mit denen sich die Kinder gestalten können und sich so in neue Rollen begeben können? Gibt es Abschminkutensilien und einen Spiegel?
- Steht den Kindern ausreichend realitätsnahes Spielmaterial zur Verfügung, mit dem sie in unterschiedliche Rollen schlüpfen und Tätigkeiten von Männern und Frauen nachspielen können?

Praxisangebot – Geschlechterrollen schnell gewechselt

Die Tatsache, dass eine bestimmte Kleidung, Tätigkeit oder Vorliebe nicht auf das Geschlecht eines Menschen schließen lässt, kann sehr anschaulich an dem folgenden Babyspiel verdeutlicht werden.

Material: Babypuppe mit Glatze, Stofftiere, Kleider, Hosen, Röcke, Mützen und weitere Kleidung für Puppen, alle Verkleidungssachen aus dem Rollenspielbereich, Spiegel, Kamera, Drucker, Stellwand, Klebeband

Vorbereitung: Kleiden Sie die Babypuppe mit Kleidung ein, die gemäß dem Rollenklischee „für Mädchen" ist. Kleidung, die nach dem Geschlechterrollenklischee „für Jungen" ist, wird bereitgelegt.

Durchführung: Die Kinder versammeln sich im Kreis. Die pädagogische Fachkraft stellt ihnen das Baby vor. „Was ist das für ein Baby?" „Wie heißt es?" Wahrscheinlich werden die Kinder Mädchennamen zur Diskussion stellen. „Wie kommt ihr darauf, dass es ein Mädchen ist?" „Das sieht man!" wird möglicherweise ein Kind antworten. „Und woran?" Schnell werden die Kinder darauf aufmerksam, dass sie das Geschlecht eines anderen an Äußerlichkeiten, wie etwa Kleidung oder Haarlänge, festmachen. Die pädagogische Fachkraft macht einen kleinen „Test": Sie zieht das Baby um, so dass es „typisch männliche" Kleidung trägt. „Und wie heißt das Baby jetzt? Sieht das Baby noch immer aus wie ein Mädchen?" Die Kinder können erkennen, dass dasselbe Baby in unterschiedlicher Kleidung für sie einmal ein Junge und einmal ein Mädchen ist. Die pädagogische Fachkraft fragt die Kinder, woran man denn tatsächlich erkennen kann, ob ein Kind ein Junge oder ein Mädchen ist, nicht nur bei dem Baby, sondern auch bei Kindern und Erwachsenen. Die Kinder äußern ihre Ideen, worin sich Jungen und Mädchen unterscheiden. Bei den Kriterien, was Kinder als „männlich" und was als „weiblich" sehen, spielt ihr kultureller und sozialer Hintergrund eine große Rolle. Beim Durchdenken der Antworten wird deutlich, dass die Ideen der Kinder in der Regel nicht haltbar sind. So können beispielsweise auch Mädchen im Stehen pinkeln und Jungen Ohrringe tragen. Bei genauer Betrachtung ist jedes Kind einfach einzigartig. Letztendlich ist nur am Genital eines Kindes zu sehen, um welches Geschlecht es sich handelt.

Nun sind die Kinder an der Reihe: Sie verkleiden sich, als Junge und als Mädchen, als feine Dame und feiner Herr, Superheld und Superheldin usw. Jedes Kind soll jeweils eine männliche und eine weibliche Kostümierung ausprobieren. Die pädagogische Fachkraft fotografiert jedes Kind mit jeder Verkleidung. Am Ende werden die Fotos ausgedruckt und unsortiert auf eine Stellwand geklebt. Bei einer abschließenden gemeinsamen Betrachtung der Fotos wird deutlich: Geschlechterverkleidungen sind schnell zu wechseln. Ein Junge sieht rasch wie ein Mädchen aus und umgekehrt. – Aber das Kind darin ist immer dasselbe!

Teamimpuls – Beobachtungen im Freispiel

Pädagogische Fachkräfte sollten die Kinder in regelmäßigen Abständen im Freispiel beobachten. Die Ergebnisse sollten in einer Tabelle festgehalten werden. Es ist sinnvoll, sich untereinander im Team mit der Rolle der Beobachterin oder des Beobachters abzuwechseln. Abschließend können die verschiedenen Perspektiven zusammen ausgewertet werden. Auch die Beobachtungsorte sollten variiert werden (z. B. im Gruppenraum oder auf dem Außengelände) und die Zeiten (z. B. vor dem Frühstück oder nach dem Mittagessen). Aus den Beobachtungsaufzeichnungen geht deutlich hervor, welche Interessen und Bedürfnisse die Kinder haben. Mögliche geschlechtsspezifische Themen werden sichtbar. Diese Ergebnisse dienen als Diskussions- und Planungsgrundlage für die anstehenden Teamsitzungen (siehe S. 71).

Diese Beobachtungen ersetzen nicht die Beobachtungen über die einzelnen Kinder. Sie dienen einem Überblick, der hilfreich sein kann, um die Situation von Jungen und Mädchen grob zu erfassen. So kann beispielsweise durch die Beobachtung deutlich werden, welche Materialien und Räume von Mädchen oder Jungen so besetzt werden, dass andere Spielgruppen nur in Ausnahmefällen eine Chance haben, sich dort frei entfalten zu können. Es sollte festgehalten werden, welche Bereiche, die die Kinder wenig nutzen, diesen tatsächlich zugänglich gemacht werden können. Dieses könnte zum Beispiel eine „Mädchenzeit“ und „Jungenzeit“ in der Bauecke oder am Schminktisch sein.

Beispiel
Beobachtung im Freispiel

Beobachter*in: Lisbeth

Datum: 15.10.2018 Zeit: 10.00 – 10.20 Uhr Ort: Gruppenraum der Fuchsgruppe

Beobachtungsschwerpunkt	*Mädchen*	*Jungen*
Welche Spielorte werden aufgesucht?	• Rollenspielbereich (Jana, Katy, Lea, Lotti) • Maltisch (Lilly, Nola, Martha)	• Rollenspielbereich (Wilhelm, Liam, Luuk) • Bauecke (Henry, Till, Malte) • Lesebereich (Kai)
Was spielen die Kinder?	• Hexen • malen Geheimgärten und Schatzkarten	• Feuerwehrmann Sam
Welche Themen stehen dabei im Vordergrund?	• jemanden retten, magische Kräfte haben, Macht • Geheimnisse	• Feuer und Gefahr, jemanden retten • Entspannung (Kai)
Welches Spielmaterial wird vor allem genutzt?	• Spielbesen, Tücher, Ketten, Armbänder • Buntstifte, Papier	• Feuerwehrrequisiten aus dem Verkleidungsbereich • Wimmelbuch
Wie sind die Spielgruppen entstanden?	• vorher abgesprochen und zielstrebig zur Verkleidungskiste gegangen	• Sie sind sofort in die Bauecke gestürmt.

Das werden wir konkret verändern:

- Es wird zum Testen für eine Woche eine Mädchen- und eine Jungenzeit für die Bauecke vereinbart. Dafür stellt Monika ein Schild her, was stets aufgehängt wird und die jeweilige Situation anzeigt.
- Die Verkleidungsecke mit den Feuerwehrutensilien wird so gestaltet, dass die typischen Verkleidungen für Jungen (Feuerwehr) mit denen der Mädchen (Hexen) am selben Platz sind. So kann eine Durchmischung der Spielgruppen stattfinden, denn die Themen dahinter scheinen ähnlich zu sein.

Darauf werden wir in der nächsten Zeit verstärkt achten:

Haben die Mädchen dieselben Möglichkeiten wie die Jungen, raumgreifend ihr Rollenspiel zu spielen, oder lassen sie sich „verdrängen“?

Teamimpuls – Alltagsnotizen zu jeder Zeit

Manchmal geben Kinder in Alltagssituationen Sätze von sich, in denen sie ihr Geschlechterwissen Preis geben. So sagt Kalle beim Mittagessen, dass er niemals den roten Wackelpudding essen würde, weil der für Mädchen ist. Er isst nur den grünen Pudding. „Der macht auch voll stark!" Sophie sagt im Rollenspiel, sie würde auch gerne mal bei der Müllabfuhr arbeiten, aber das dürfen nur Männer machen. Im Trubel des pädagogischen Alltags gehen solche Aussagen rasch unter, geraten in Vergessenheit und werden nicht mehr aufgegriffen. Somit stimmen die Aussagen für die Kinder, denn es wird ja nichts Gegenteiliges behauptet. Damit diese Sätze nicht verloren gehen und im Nachhinein noch einmal thematisiert werden können, ist es eine schnelle Hilfe, diese kurz aufzuschreiben. Dafür sollte eine Klemmmappe mit Papier und Stift an die Wand gehängt werden. Hier können pädagogische Fachkräfte zu jeder Zeit Gehörtes und Beobachtungen aufschreiben. Diese können dann nach der Kinderzeit in der Kita im Team besprochen und ein angemessenes Aufgreifen bzw. ein Umgang damit kann erarbeitet werden.

Beobachtung im Freispiel
(Kopiervorlage)

Beobachter*in:

Datum: ____ ____ ________ Zeit: _____ bis _____ Ort: ____________________________

Beobachtungsschwerpunkt	*Mädchen*	*Jungen*
Welche Spielorte werden aufgesucht?		
Was spielen die Kinder?		
Welche Themen stehen dabei im Vordergrund?		
Welches Spielmaterial wird vor allem genutzt?		
Sie sind die Spielgruppen entstanden?		
Das werden wir konkret ändern:		
Darauf werden wir in der nächsten Zeit verstärkt achten:		

Eine weitere Möglichkeit, die Benutzung der Spielecken und die Annahme der Angebote schnell und übersichtlich festzuhalten, sind folgende Tabellen. Kopieren Sie diese mehrmals und halten Sie die Anwesenheit von Jungen und Mädchen täglich fest.

In welchen Bereichen halten sich mehr Jungen und in welchen mehr Mädchen auf?
(Kopiervorlage)

Beobachter*in:

Datum: ____ ____ ________ Zeitraum: _____ bis _____

	Mädchen	*Jungen*
Bauen		
Malen/Gestalten		
Rollenspiel/Verkleiden?		
Lesen		
Bewegungsraum		
Außengelände		
Bewegung auf dem Flur		
Werkbank		
Forschen		

Praxisangebot – Mein Lieblingsort in der Kita

Um die Einschätzungen bevorzugter Spielbereiche zu überprüfen, sollte die pädagogische Fachkraft die Kinder direkt fragen, an welchen Orten sie sich in der Kita am liebsten aufhalten. Diese Frage bezieht sich auf die Innenräume und auch auf das Außengelände der Kita. Dafür bietet sich folgende Aktivität an.

Material: Fotoapparat, PC und Drucker, Papier, Stift, Stellwand, Klebeband

Vorbereitung: – – –

Durchführung: Die pädagogische Fachkraft geht mit einer Kleingruppe durch die Kita. Jedes Kind darf den Ort fotografieren, an dem es sich am liebsten aufhält und besonders gerne spielt. Jedes Kind macht ein Bild von diesem Ort. Während dessen sollte die Fachkraft den Namen des Kindes und sein Motiv auf einem Papier schriftlich festhalten. Hat jedes Kind den individuellen Lieblingsort fotografiert, werden die Fotos ausgedruckt und auf eine Stellwand geklebt. Dieselben Motive werden dabei eng zusammengehängt.

Auswertung in der Kindergruppe: Jedes Kind zeigt sein Foto auf der Stellwand. Es hat die Möglichkeit, etwas zu seinem Lieblingsort zu erzählen. Warum hat es diesen Ort ausgesucht? Was ist das Tolle daran? Möglicherweise kommen Gender-Themen zutage. So erzählt beispielsweise Benice, dass sie am liebsten über das Außengelände rennt, weil der Bewegungsraum immer schon von Jungen besetzt ist und sie die Spiele nicht mag, die die Jungen da spielen. Wenn derartige Konflikte sichtbar werden, könnte dieses Beisammensein gleich dafür genutzt werden, Regeln zu entwickeln. Diese können dafür sorgen, dass Jungen und Mädchen die Orte gleichermaßen nutzen können. Es könnte beispielsweise eine „Mädchenzeit“ und eine „Jungenzeit“ im Bewegungsraum eingerichtet werden.

Auswertung im Team: Mit zwei Farben werden die Bilder, die jeweils von Jungen und von Mädchen fotografiert wurden, markiert (z. B. alle Lieblingsorte der Jungen werden gelb umrandet und die von Mädchen grün.). Was fällt bei dieser Zuordnung auf? Gibt es Orte, die vor allem Jungen ausgewählt haben? Gibt es Räume, die vor allem von Mädchen fotografiert wurden und gibt es Orte, die gleichermaßen von beiden Geschlechtern gewählt wurden? Welche Orte sind das? Was können die Kinder dort machen (z. B. sich ausruhen und zurückziehen, malen, bauen, …)? Was zeichnet diese Räume aus (z. B. nicht von Erwachsenen einsehbar, wie die Hochebene im Gruppenraum, oder viel Bewegungsfreiheit, wie auf dem Außengelände)? Lässt sich ein zusammenfassendes Ergebnis definieren? Sollte aufgrund dieses Ergebnisses etwas verändert werden? Wenn ja, was? Die Fachkräfte überlegen konkrete Ideen und organisieren die Umsetzung (z. B. die Umgestaltung der Räume).

Selbstreflexion – Selbstbeobachtung im Freispiel

In der Regel bekommen die Kinder, die sich im Freispiel in der Nähe der pädagogischen Fachkraft aufhalten und auch von sich aus den Kontakt zu ihr suchen, mehr Aufmerksamkeit von dieser.

- In welchen Spielbereichen halten Sie sich oft und am liebsten auf?
- Was spielen Sie besonders gerne und oft und welche Rollen nehmen Sie dabei ein?
- Welche Kinder sind dabei vor allem in Ihrer Nähe?
- Welche Kinder sind selten in Ihrer Nähe?
- Auf welche Art und Weise bekommen die Kinder, die sich in Ihrer Nähe aufhalten, Aufmerksamkeit von Ihnen?
- Auf welche Art und Weise bekommen die Kinder, die sich weniger in Ihrer Nähe aufhalten, Aufmerksamkeit von Ihnen?
- Was müssen Sie tun, um die Nähe aller Kinder im Freispiel zu erreichen?
- Was müssen Sie tun, um jedem Kind gleichermaßen qualitative und quantitative Aufmerksamkeit zu geben?

Bei allen Beobachtungen, in denen es um „Mädchen" und „Jungen" geht, darf die Fokussierung auf die Geschlechterunterschiede nicht dazu führen, die Unterschiede innerhalb der Geschlechtergruppe nicht wahrzunehmen und die Gemeinsamkeiten auszublenden!

17 Medien

Zur Alltagswelt der Kinder gehören Medien (wie Fernsehen, Hörspiele und Bilderbücher). Auch wenn es Familien gibt, die sich bemühen, dass ihre Kinder kein Fernsehen schauen, gehen die Fernsehinhalte nicht an den Kindern vorüber. Im Kindergarten sind Fernsehhelden und Fernsehheldinnen zentral, spätestens dann, wenn die Merchandisingprodukte in die Kita einziehen. Viele Kinder können ganze Filminhalte erzählen, ohne den Film jemals gesehen zu haben.

Kinder müssen lernen, in dieser Medienwelt zurechtzukommen. Sie müssen ihre Medienerlebnisse verarbeiten können. Um die Kinder dabei zu begleiten, müssen die pädagogischen Fachkräfte die Medienspuren der Kinder erkennen. Diese zeigen sich in Gesprächen, z. B. beim Essen, beim Malen oder auch in Rollenspielen. Medienspuren tauchen auch in „Melodien auf", die Fernsehmelodien sind phasenweise ein ständiger Ohrwurm der pädagogischen Fachkräfte.

Die Medienheldinnen und Medienhelden der Kinder

Heldinnen und Helden spielen für Kinder eine bedeutende Rolle. Sie sind interessant, stark, mutig, können beschützen und verteidigen. Erwachsene reagieren oft mit Unverständnis darauf, welche Figuren die Kinder heldenhaft und toll finden. Pädagogische Fachkräfte sollten behutsam mit Bewertungen umgehen. So sollten sie beispielsweise nicht sagen, wie unattraktiv sie den männlichen Muskelprotz finden oder dass Barbie viel zu dürr ist mit ihren langen Spargelbeinen. Kinder identifizieren sich mit ihren Helden und Heldinnen. Diese Figuren spiegeln ihre eigenen Wünsche und Bedürfnisse wider. Um die Faszination einer Figur zu verstehen, müssen die Erzieher*innen mit den Kindern ins Gespräch kommen. Was fasziniert die Kinder? Welche Wünsche des Kindes stehen hinter der Faszination?

Medienheldinnen und Medienhelden unterscheiden sich sehr geschlechtsspezifisch. Helden für Jungen sind mutig, stark und gefährlich, während Heldinnen für Mädchen in erste Linie Schönheit verkörpern. Durch die Aufmachung wissen die Kinder ganz genau, welche Figuren sie gut finden müssen, um zur passenden Geschlechtergruppe zu gehören.

Es gibt jedoch auch alternative Heldinnen wie Pippi Langstrumpf oder Bibi Blocksberg, bei denen Lebensfreude, Witz und Sympathie im Vordergrund stehen. Leider befinden sich die dürren Miniaturmodels mit langen Haaren, engen Kleidern und glitzernden Ohrringen in der Überzahl.

Teamimpuls – Die aktuellen Helden und Heldinnen der Kinder

Die pädagogischen Fachkräfte setzen sich mit den Heldinnen und Helden der Jungen und Mädchen auseinander. Dazu schauen sie sich beispielsweise Filmausschnitte (bei YouTube oder auf einer DVD) an und bekommen einen kleinen Einblick, um wen es geht. Welche Wünsche und Bedürfnisse spiegeln die Figuren wider? Warum finden Jungen und Mädchen sie gut? Es ist immer sinnvoll, dass pädagogische Fachkräfte direkt im Gespräch mit den Kindern erfragen, was die Kinder an den Figuren faszinierend finden. Auch eine Beobachtung während des Freispiels kann aufschlussreich sein, wenn Kinder Filmhandlungen nachspielen.

Praxisangebot – Rollenspiele lenken

Pädagogische Fachkräfte haben durch das aktive Mitspielen in den Rollenspielen der Kinder die Möglichkeit, neue Impulse ins Spiel zu bringen. Ob mit den Medienhelden und -heldinnen als Plastikfigur oder im Rollenspiel mit eigenen Verkleidungen – die durch das Fernsehen vorgegebenen Drehbücher der Spiele kann die pädagogische Fachkraft umlenken. Die (meist) sehr geschlechtsstereotypen Geschlechterbilder dieser Fernsehfiguren können so für einen Moment aufgehoben oder auch in Frage gestellt werden. Geschlechtergrenzen können überwunden werden, wenn die Kinder sich darauf einlassen können. So könnte Feuerwehrmann Sam beispielsweise krank im Bett liegen und von Hauptfeuerwehrmann Steele gepflegt und umsorgt werden. Kollege Elvis verliebt sich in den Besitzer des neuen Gitarrenladens in Pontypandy und Penny macht einen heldinnenhaften Alleingang, als sie die ganze Feuerwehrmannschaft aus der brennenden Feuerwache rettet. Lilifee könnte ihren Laster reparieren. Im Feenwald liegen nach einem schweren Sturm lauter umgekippte Bäume. Mit dem Laster holt sie die Bäume und hackt das Holz. Abends macht sie ein schönes Feuer und alle Tiere des Waldes kommen, um sich daran zu wärmen.

Praxisangebot – Mein Held! Meine Heldin!

Mit Alltagsmaterialien (z. B. Verpackungsmaterial), Klebstoff, Perlen, Wolle, Knete, Schere, Papieren usw. können die Kinder entsprechend ihrer Vorstellung, wie ein Held oder eine Heldin sein muss, gestalten. Besonders aufschlussreich für die pädagogischen Fachkräfte sind dabei die Gespräche der Kinder, die entstehen. Wie kommen sie auf ihre Ideen? Wer äußert welche Vorstellungen? Interessant sind dabei auch die Antworten auf möglicherweise provokante Fragen von der pädagogischen Fachkraft wie: „Dein Held ist aber stark und groß. Und ein Laserschwert hat er auch! Aber eine hübsche Frisur würde ihm auch gut stehen!", „Deine Heldin ist wunderschön mit den glitzernden Perlen im Haar und den hohen Klackerschuhen. Aber schnell rennen oder auf Bäume klettern kann sie damit nicht. Was macht sie denn den ganzen Tag auf diesen Schuhen?" Durch interessiertes Nachfragen werden die Produkte der Kinder lebendig und menschlich. „Wer putzt eigentlich das Laserschwert nach getaner Arbeit?", „Was macht deine Heldin, wenn andere sie ärgern?" oder „Hat deine Heldin keine Angst bei einem Gewitter, wenn sie in ihrem Flugzeug zum Rettungseinsatz fliegt?" Die fertigen Helden und Heldinnen sollten abschließend präsentiert und – bevor mit ihnen gespielt wird – auch fotografiert werden. Die Fotos können später ausgestellt werden oder sie kommen in den Portfolio-Ordner bzw. die Mappe des Kindes.

Bilderbücher

Bilderbücher sind in allen Kitas präsent. Entweder gucken sich Kinder Bilderbücher alleine oder mit anderen gemeinsam an oder sie lassen sie sich von einem Erwachsenen vorlesen. Eine gezielte gemeinsame Bilderbuchbetrachtung, die von der pädagogischen Fachkraft geleitet wird, bietet den Kindern die Möglichkeit, sich intensiv auf das Buch einzulassen und sich mit den Bildern und dem Thema auseinanderzusetzen. Es können Fragen gestellt und über ausgewählte Aspekte diskutiert werden.

Die Bilderbücher, die den Kindern zur Verfügung gestellt werden, sollten dahingehend unter die Lupe genommen werden, welche Geschlechterrollenbilder sie verkörpern. Kommen im Buch über die Feuerwehr ausschließlich Männer vor? Ist die einzige Frau vielleicht die, die mit ihren Kindern aus der brennenden Küche gerettet wird? Was lernen die Kinder daraus? Dass Männer stark und mutig sind und Frauen nie bei der Feuerwehr arbeiten? Es lohnt sich, genau hinzuschauen, was Jungen und Mädchen hinsichtlich ihrer Geschlechterrollen vermittelt wird.

Es gibt auch Bücher, in denen Geschlechterrollen zu finden sind und sie dennoch so pädagogisch wertvoll und schön sind, dass sie den Kindern nicht vorenthalten werden sollten. Wichtig ist, die Kinder auf Geschlechterklischees aufmerksam zu machen und diese hinterfragen. „In allen Autos auf den Bildern sitzen Männer am Steuer. Können Frauen etwa kein Auto fahren?!" Bei der Gesamtauswahl der Bilderbücher in der Kitagruppe sollte darauf geachtet werden, dass die Kinder verschiedenste Geschlechterrollen vorfinden sowie alternative Familienkonzepte zu sehen sind. So können Bilderbücher die Geschlechtervielfalt repräsentieren. Die Kinder suchen sich immer die Bücher aus, die ihr Interesse wecken …

Teamimpuls – Geschlechterrollen in Bilderbüchern wahrnehmen

- Wie viele Männer/Jungen und Frauen/Mädchen tauchen im Buch auf?
- Welches Geschlecht macht was im Buch? (Welche Aufgaben haben Männer und Frauen? Welche Spiele spielen Jungen und Mädchen? Welche Charaktereigenschaften haben Männer und Frauen bzw. Jungen und Mädchen? Welche Fähigkeiten zeigen sie? Welche Berufe werden von welchem Geschlecht dargestellt?)
- Werden die Menschen hinsichtlich ihres Aussehens (Kleidung, Körperhaltung) geschlechtstypisch dargestellt?
- Werden Familien traditionell dargestellt oder werden alternative Familienmodelle gezeigt?

Praxisangebot – Gezielte Bilderbuchbetrachtung

Im Folgenden sind Bilderbücher aufgelistet, in denen Geschlechtervielfalt vorkommt und Geschlechterrollenbilder erweitert dargestellt werden. Sie eignen sich für eine geplante Bilderbuchbetrachtung in der Kita.

Bilderbücher mit vielfältigen männlichen und weiblichen Rollenbildern

Lindebaum, Pija: *Franziska und die Wölfe*. Weinheim und Basel, Beltz & Gelberg, 2006
Franziska ist ein schüchternes und ängstliches Mädchen. Auf einem Ausflug mit ihrer Kindergruppe verliert sie die anderen im Wald. Plötzlich kommt ein Rudel Wölfe. Und diese Begegnung macht Franziska zu einem selbstbewussten, mächtigen Kind.

Lindebaum, Pija: *Paul und die Puppen*. Weinheim und Basel, Beltz & Gelberg, 2008
Paul spielt gerne Fußball und kann es auch gut. Eines Tages nervt ihn dieses ständige Fußballspielen. Viel lieber möchte er mit den Mädchen Barbiepuppen spielen. Und deshalb tut er das auch. Am Ende des Buches tanzen alle Jungen gemeinsam mit den Mädchen Ballett.

Flamant, Ludovic/Englebert, Jean-Luc: *Puppen sind doch nichts für Jungen!* Wien, Picus Verlag, 2017
Nico bekommt von seiner Tante eine Puppe geschenkt. Seine Eltern finden das Geschenk für einen Jungen nicht passend, aber Nico schließt die Puppe sofort in sein Herz.

Boie, Kirsten/Bauer, Jutta: *Juli!* Weinheim und Basel, Beltz & Gelberg, 2005
Juli ist ein Junge. Er geht in den Kindergarten. Er erlebt alltägliche Abenteuer und zeigt dabei viel Gefühl.

Hense, Nathalie/Green, Ilya: *Ich hasse Rosa!* Berlin, Verlagshaus Jacoby Stuaert, 2009
Das Mädchen, welches die Geschichte erzählt, mag kein rosa und keine Prinzessinnen und dieses ganze Tralala. Obwohl sie Dinge mag, die viele Jungen auch gerne mögen, so weiß sie dennoch, dass sie dennoch ein richtiges Mädchen ist. Mädchen sind unterschiedlich und Jungen auch.

Funke, Cornelia/Meyer, Kerstin: *Prinzessin Isabella*. Hamburg, Oetinger Verlag, 1997
Prinzessin Isabella findet Prinzessin sein langweilig. Sie dürfen nie das tun, was wirklich Freude macht, wie etwa auf Bäume klettern oder in der Nase bohren. Da stampft der König mit dem Fuß auf und befiehlt, dass man seine Tochter zum Kartoffelschälen und Zwiebelschneiden in die Küche bringen soll. Isabella gefällt es in der Küche, und als sie nach drei Tagen immer noch nicht geläutert ist, lässt der König sie in den Schweine-

stall bringen. Im Schweinestall gefällt es Isabella noch besser. Sie bleibt sogar nachts. Da begreift der König, dass er verloren hat. „Komm zurück ins Schloss, Töchterchen", seufzt er. „Ich vermisse dich." Isabella tut ihm den Gefallen. Ihm zuliebe setzt sie sogar ab und zu die Krone auf. Aber zwischendurch schläft sie immer mal wieder im Stall.

Beese, Karin/Rousseau, Mathilde: *Nelly und die Berlinchen: Rettung auf dem Spielplatz.* Berlin, HaWandel-Verlag, 2018
Die „Berlinchen" nennen sich Nelly (ein afrodeutsches Mädchen), Amina (Tochter einer muslimischen Familie) und Hannah (Tochter einer allein-erziehenden Mutter). Die Berlinchen erleben gemeinsam Großstadtabenteuer. In „Rettung auf dem Spielplatz" führt ein kleiner Streit unter Geschwistern zur großen Entführung eines Teddys. Selbstverständlich, dass die Berlinchen ihn retten.

Wenniges, Oliver: *Prinzessin Horst.* Hamburg, Carlsen Verlag, 2007
Die Königin bringt eine Tochter zur Welt. Der König ist etwas enttäuscht, er hat sich so sehr einen Jungen gewünscht. Deshalb nennt er seine kleine Tochter Horst. Nach dem ersten Schock darüber, dass eine Prinzessin den Jungennamen Horst bekommt, wird dies zum neuen Trend: Eltern geben ihren Töchtern Jungennamen und selbst erwachsene Frauen benennen sich manchmal um. Die Königin bekommt ein weiteres Kind. Ihr neuer Sohn bekommt den Namen Daniela. Der Trend geht weiter: Jungen bekommen Mädchennamen und erwachsene Männer nehmen weibliche Namen an. Alles eine Sache der Mode…

Olten, Manuela: *Echte Kerle.* Hamburg, Beltz & Gelberg, 2013
Zwei Jungen liegen abends gemeinsam im Bett und lästern über Mädchen. Diese sind ihrer Ansicht nach alle langweilig, kämmen den ganzen Tag ihre Puppen und machen sich vor Angst ins Nachthemd. Sie denken sogar, es gibt Gespenster! Bei den Gedanken an Gespenstern wird beiden Jungen etwas mulmig zumute. Gibt es sie nicht etwa doch? Plötzlich müssen beide schnell mal aufs Klo. Auf der letzten Seite des Buches findet man die Jungen – geklammert an ihr Kuscheltier – im Bett der Schwester.

Bilderbücher mit transgeschlechtlichen Hauptfiguren

Walton, Jessica/MacPherson, Dougal: *Teddy Tilly.* Frankfurt am Main, Sauerländer Fischer Verlag, 2016
Finn und sein Teddy Thomas sind sehr gute Freunde. Eines Tages ist Tho-

mas sehr traurig. Er vertraut Finn an, dass er schon lange den Wunsch spürt, eine Teddybärin zu sein und Tilly heißen möchte. Er hat Angst, dass Finn ihn nach dieser Information ablehnt. Doch das ist ganz und gar nicht der Fall. Finn findet es prima. Und Finns Freundin Eva auch. Die Schleife des Teddys wird zur Haarschleife. Teddy, Finn und Eva spielen glücklich gemeinsam im Park.

Usling, Rabea-Jasmin/Weiß, Linette: *Prinz_essin*. Verl, Chilli Verlag, 2017
Dieses Märchen handelt von einem Prinzen, von dem alle anderen denken, er sei eine Prinzessin. Weder andere Kinder noch Eltern verstehen, dass er ein Prinz ist! Es ist leicht nachzuvollziehen, dass sich der Prinz unverstanden fühlt. Er läuft weg – in den tiefen Wald. Mitten im Wald trifft er eine Person, die ihm hilft, zu sich selbst zu finden. Er kehrt zurück zu seinen Eltern und am Ende des Buches ist allen klar, dass der Prinz ein Prinz ist.

Bilderbuch mit intergeschlechtlicher Hauptfigur

Rosen, Ursula: *Jill ist anders*. Lingen, Salmo Verlag, 2015
In diesem Bilderbuch geht es um das intergeschlechtliche Kind Jill, was neu in den Kindergarten kommt. Die Kinder fragen, ob Jill ein Junge oder ein Mädchen sei und die Mutter antwortet ihnen, dass sie es noch nicht wissen. Vielleicht ist Jill beides oder auch keins von beidem. Die Kinder setzen sich mit der Frage auseinander, woran man einen Jungen und woran man ein Mädchen erkennt. Es wird deutlich, dass die Gemeinsamkeiten der Vorschulkinder sehr groß sind und die Unterschiede verschwindend gering.

Märchen

In den klassischen überlieferten Märchen, wie Aschenputtel oder Dornröschen, werden in der Regel Geschlechterbilder präsentiert, die den Kindern vermitteln, dass es als Mädchen erstrebenswert ist, eine hübsche Prinzessin zu werden und als Junge ein Prinz, der eine schöne Prinzessin rettet. Die Guten sind immer die Schönen. Und das große Glück liegt darin, geheiratet zu werden! Die weiblichen Hauptpersonen wären unglücklich, arm, schlafend oder schlimmeres gewesen, wenn nicht noch rechtzeitig eine männliche Person zur Hilfe eilte und sie vor all dem Schlimmen bewahrte. Kinder haben noch nicht das geschichtliche Hintergrundwissen oder eine Idee von überlieferten Kulturgut. Sie nehmen die Märchen wie die Geschichten aus aktuellen Bilderbüchern auf und saugen die Informationen, die sie – auch über Geschlechterrollen – bekommen, auf. Sie verarbeiten sie, um ihr Bild von der Welt zu vervollständigen.

Deutlich wird das Frauenbild besonders dann, wenn die Geschlechter in den Geschichten getauscht werden. Aus dem Prinzen wird die Prinzessin und aus der bösen Stiefmutter der böse Stiefvater. Wer möchte diese Geschichte einem Jungen erzählen? Sicher keiner, warum auch? Aber Mädchen werden sie immer wieder ans Herz gelegt, und darüber hinaus auch noch als neu aufgelegte Disneyfilme, wie etwa „Cinderella", an „das Mädchen" gebracht.

Wer nicht auf Märchen im Kindergarten verzichten möchte, sollte die Geschlechterverhältnisse im Märchen öfter mal tauschen. Dieses kann interessante Diskussionen in der Kindergruppe über Geschlechterrollen in Gang bringen, die von der pädagogischen Fachkraft aufgegriffen werden sollten.

Praxisangebot

Buchtipp – ein alternatives Märchen

De Haan Lind/Nijland, Stern: *König & König*. Hildesheim, Gerstenberg, 2014
In diesem Märchen geht es um einen Prinzen, der eine Prinzessin sucht und sich dabei in den Bruder einer Prinzessin verliebt. Die beiden Männer heiraten und feiern eine königliche Hochzeit.

Geschlechterrollen im Kinderfernsehen

Obwohl im Kindergarten kein Fernsehen geschaut wird, so sind die aktuellen Fernsehhelden und -heldinnen dennoch in der Kita präsent. Die Kinder reden über die Sendungen, selbst wenn sie sie noch nie selber gesehen haben. Sie spielen sie in Rollenspielen nach und wünschen sich T-Shirts oder Brotdosen mit den Protagonist*innen der Serien darauf.

Wie sieht es um die Geschlechterrollen im Kinderfernsehen aus? Es gibt einige Studien, die sich damit befassen. Die Ergebnisse sind bei allen ähnlich: Es gibt mehr männliche Figuren im Kinderfernsehen als weibliche. Auf zwei männliche kommt höchstens eine weibliche Figur. Die wenigen weiblichen Figuren für die Zielgruppe Vorschulalter sind bereits hypersexualisiert. Das bedeutet, dass ihre Brüste übertrieben groß sind und die Taille übertrieben schmal, die Beine extrem lang. Sie haben lange, wallende Haare und knallrote Lippen. Die Kleidung ist körperbetont, lila, pink oder pastellfarben. Sie werden in weiblichen Posen und Bewegungen dargestellt. Schönes Aussehen steht im Mittelpunkt ihrer Inszenierungen. Oft werden sie von männlichen Figuren gerettet, ordnen sich unter oder himmeln sie an. Weibliche Figuren, die als stark und schlau dargestellt werden, müssen dazu auch noch dem gesellschaftlichen Schönheitsideal entsprechen, erfolgreich sein und besondere Talente haben (z. B. hexen können). Nach ganz normalen Mädchenfiguren mit Stärken und Schwächen sucht man vergebens. Selbst die autarke, selbstbewusste und starke Pippi Langstrumpf oder Bibi Blocksberg besitzen übernatürliche Kräfte. Für die männlichen Figuren im Fernsehen gilt auch eine Hypermännlichkeit. Diese kann jedoch in mehr Bereichen als bei den weiblichen Figuren ausgedrückt werden. So drückt sich die Männlichkeit durch einen übertriebenen männlichen Körperbau oder das geniale Wissen um Technik oder Waffen aus. Die Helden glänzen im rationalen Denken und Handeln – möglichst frei von hinderlichen Emotionen. Emotionen drücken die weiblichen Figuren aus. Männliche Figuren sind aktiv, während weibliche tendenziell passiv präsentiert werden. So übernehmen männliche Figuren in der Regel die Führungsrolle, um stark, mutig und entschlossen die Welt zu retten. Männliche Figuren handeln und weibliche Figuren sind halt auch da. So wie Schlumpfine unter den Schlümpfen. Sie kommen vor, aber eher passiv. Wenn sie dann doch handeln, müssen sie aber unbedingt schön dabei sein. Und wenn die männlichen Figuren einmal scheitern, dann auf alle Fälle cool! (vgl. Götz, vgl. Schnerring/Verlan 2014, 131 ff.)

Nicht nur die Art und Weise bzw. das Aussehen der Figuren machen den Zuschauer*innen schnell klar, ob diese Jungen oder Mädchen ansprechen sollen. Auch die Soundeffekte, die Musik, Filmschnitte und Kamerafilter verstärken die Geschlechtertrennung im Fernsehen. (vgl. Dafna Lemish) Pädagogische Fachkräfte sollten sich darüber im Klaren sein, dass die Kinder sehr einengenden Geschlechterrollen ausgeliefert sind. Da es diese aber gibt, und auch wenn die Kita fernsehfreie Zone ist, halten diese Figuren dennoch Einzug in den Kindergarten. So ist es sehr wichtig, dass den Kindern dort auch weitere Facetten von Geschlechterrollen verdeutlicht werden. Dies kann durch Gespräche, Bilderbücher, Theaterstücke usw. geschehen.

Kevin (allein zu Haus), Ronja (Räubertochter) und Michel (aus Lönneberga) – Geschlechtsidentifikationsmöglichkeiten durch den eigenen Vornamen

Eltern geben ihren Kindern nicht „irgendeinen" Vornamen. Für die Vornamenwahl gibt es persönliche Gründe, z. B. Wünsche oder Erinnerungen. Der Vorname besteht lebenslang und ist ein individuelles Erkennungsmerkmal eines jeden Menschen. In der Regel lässt der Vorname des Kindes auf das Geschlecht schließen. Es gibt allerdings auch geschlechtsneutrale Namen (z. B. Kim). Seit 2008 dürfen geschlechtsneutrale Namen auch ohne einen eindeutig männlichen oder weiblichen Zweitnamen gegeben werden. Ein Junge darf allerdings keinen typisch weiblichen Vornamen, und ein Mädchen keinen typisch männlichen Vornamen bekommen. Ein Mädchen namens Paul oder ein Junge, der Jennifer heißt, wird in unseren Kitas also nicht zu finden sein. Für manche Eltern ist der Anstoß zur Namenswahl eine Medienfigur aus einem Buch oder Film. Mit diesen Namen verbinden sie oftmals ein bestimmtes Bild ihres zukünftigen Kindes. Für Kinder ist ihr Vorname identitätsstiftend. Jedes Kind muss sich mit seinem Vornamen identifizieren. Da das Geschlecht mit dem Vornamen zusammenhängt, betrifft die Identifikation mit dem eigenen Vornamen auch die eigene Geschlechtsidentität.

Zu den meisten Vornamen lassen sich in Namenslexika oder im Internet die Bedeutung und die Herkunft herausfinden, es lassen sich interessante und bedeutsame Menschen recherchieren, die ebenfalls so heißen oder hießen. Auch diese können zu einer positiven Identifikation für Kinder beitragen. So wird Lina sich möglicherweise freuen, dass ihr Name auf chinesisch „die Wunderschöne" bedeutet, oder sich gut damit identifizieren, dass Lina auf indianisch „Wildpferd" oder „Mustang" heißt. (https://www.vorname.com/vornamen.html)

Selbstreflexion – Mein Vorname

- Wie steht es um die Bedeutung Ihres Vornamens? Wissen Sie, warum Ihre Eltern Ihnen diesen Namen gegeben haben?
- Gibt die Namenswahl Ihrer Eltern Hinweise auf geschlechtsspezifische Erwartungen, die an Sie gestellt wurden, noch bevor Sie geboren wurden?
- Sind Sie selber Mutter oder Vater? Wieso haben Sie den Namen für Ihr Kind so gewählt?

- Welches Geschlechterrollenbild hängt möglicherweise damit zusammen? Eine wilde, selbstbewusste Ronja? Ein pfiffiger, sportlicher Tom?

Praxisangebot – Ich und mein Name!

Material: Computer und Internet-Zugang oder Namenslexika, Papier, Stifte

Vorbereitung: Die pädagogische Fachkraft betrachtet die Namensliste ihrer Gruppe und recherchiert kurz Hintergrundinformationen zu den Vornamen der Kinder. Dafür bieten sich Lexika oder Internetseiten an. Sie findet nicht nur die Bedeutung der Namen heraus, sondern sucht auch gezielt nach berühmten Persönlichkeiten, die diese Namen tragen. Die pädagogische Fachkraft überlegt, ob die gefundenen Personen zur Identifikation für das jeweilige Kind passend sein könnten. Der Name muss dabei nicht genauso geschrieben sein, denn dann ist die Bandbreite sehr viel größer (z. B. Casper, Kaspar oder Caspar).

Durchführung: Die pädagogische Fachkraft und das Kind sitzen an einem Arbeitsplatz mit einem Computer und Namenslexikon. Die Fachkraft fragt das Kind, ob es weiß, was sein Vorname bedeutet. Manche Kinder wissen, was ihr Name bedeutet, weil die Eltern ihnen dieses gesagt haben. Dann kann diese Information noch einmal überprüft und ergänzt werden (in Namensbücher oder im Internet). Manchmal hat ein Name auch mehrere Bedeutungen und kommt aus unterschiedlichen Kulturen.
Die pädagogische Fachkraft fragt das Kind: Gefällt dir die Bedeutung deines Namens? Wenn ja, warum? Wenn nein, warum nicht? Passt die Bedeutung zu dir? Weißt du, dass eine ganz berühmte Frau / ein ganz berühmter Mann schon so hieß? (aus der Geschichte, Götter und Göttinnen, Wissenschaftler*innen, Schriftsteller*innen, Schauspieler*innen, Literaturhelden und -heldinnen, Protagonist*innen aus Filmen, Musiker*innen u. ä.) Die pädagogische Fachkraft zeigt dem Kind ein oder zwei Bilder von Menschen (aus dem Internet), die auch so heißen wie das Kind. Im Gespräch versucht die pädagogische Fachkraft zu erkunden, ob sich eine der berühmten Personen zur Identifikation des Kindes eignen könnte. So ist die Wahrscheinlichkeit groß, dass Casper, der gerne und viel malt, sich mehr für den Maler Caspar David Friedrich interessiert als für den Casper der Heiligen Drei Könige, der dem Jesuskind ein Geschenk brachte.
Das Kind wird dazu aufgefordert, ein Bild zu seinem Namen zu gestalten.

Wenn möglich, druckt die Fachkraft ein passendes Bild der berühmten Persönlichkeit dazu aus. Das Kind hat die Möglichkeit, dieses zurechtzuschneiden und in dem gemalten Bild zu platzieren.

Abschließend werden alle Bilder von den entsprechenden Kindern präsentiert und aufgehängt.

18 Geschlechtergerechte Sprache

Sprache hat einen Einfluss auf das Denken. Sind die Formulierungen immer männlich, dann ist auch das Bild in diesem Moment so im Kopf. Wenn von einer „Fortbildung für Ärzte" die Rede ist, wird man männliche Ärzte vor dem inneren Auge haben. Und auch die „Zuschauer auf der Tribüne beim Rugbyspiel" erscheinen in der Vorstellung überwiegend männlich. Auf diese Weise können stereotype Geschlechterrollenbilder entstehen. Frauen sind zwar in den meisten Fällen „mitgemeint". Es gibt jedoch bestimmte Kontexte, in denen explizit Frauen angesprochen werden, wie etwa „Wir suchen eine zuverlässige Putzfrau für unser Büro!" Fühlen sich hier die Männer automatisch mit angesprochen? Dieses hören Kinder von Geburt an und es entstehen entsprechende Geschlechterstereotypen. Deshalb sollten pädagogische Fachkräfte darauf achten, geschlechtsneutrale Formulierungen zu verwenden. Anstelle von Putzfrau wird Putzkraft gesagt und anstatt Zuschauer Publikum. Bei diesen Formulierungen können Bilder im Kopf entstehen, in denen Frauen und Männer vorkommen. Damit können klischeehafte Geschlechterbilder aufgehoben werden. Viele Begriffe werden auch im Kita-Alltag immer wieder verwendet, wie z. B. „Mannschaft" oder „Kaufmannsladen". Diese könnten rasch durch „Team" und Einkaufsladen" ersetzt werden. Zu den geschlechtstypisch festgelegten Begriffen in der Kita gehören auch die Funktionsecken und Bereiche. Würden die Funktionsecken nicht ein „für Mädchen" oder „für Jungen" assoziieren, würden sich Jungen und Mädchen angesprochen fühlen, sich dort zu betätigen. Während Jungen die Puppenecke meiden, weil Puppen für Mädchen sind, würden sie in einer Rollenspielecke oder „Wohnung" auch spielen. Alles, was das Mädchen angedichtete „Basteln" ist, könnte zum „Gestalten" werden. Aus einem mädchenmäßigen Tanzen kann ein Bewegen zur Musik gemacht werden usw. (vgl. Hubrig 2010, 124) Wenn keine geschlechtsneutralen Begriffe vorhanden sind, sollte unbedingt die männliche und die weibliche Form genannt werden.

Jungen und Mädchen sollen in der Kita stets gleichermaßen angesprochen werden. Nur dann fühlen sie sich auch tatsächlich miteinbezogen. Zum Beispiel „Alle Jungen und Mädchen die Lust haben, versammeln sich jetzt zum Fußballspielen!" So fühlen sich auch die Mädchen für eine Tätigkeit berücksichtigt, die in vielen Fällen Jungen ausüben und auch wenn der Fußballplatz ein Bereich der Jungen ist. Vielleicht denken die Mädchen erst in dem Moment ernsthaft darüber nach, ob sie Lust auf Fußballspielen haben, wenn sie sich auch wirklich angesprochen fühlen.

Auch Eltern sollten sich gleichermaßen in Elternbriefen und Aushängen angesprochen fühlen, z. B. „Wir würden uns sehr freuen, wenn die Mütter und Väter einen Kuchen für unser Sommerfest backen." Wenn es um eine solche Bitte geht, fühlen sich in der Regel die Mütter zuständig. Deshalb ist auch die Nennung der Väter bedeutsam. Bei dem Wort Eltern würden sie sich in diesem Fall möglicherweise nicht gemeint fühlen, weil Kuchenbacken für ein Familienfest zumeist Mütter übernehmen. Vielleicht kommt ein Vater bei dieser expliziten Ansprache auch erst auf den Gedanken, dass er auch einen Kuchen backen könnte!

Teamimpuls – Korrekte Anrede in Elternschreiben

Um Frauen und Männer gleichermaßen anzusprechen, wird in Texten mittlerweile ein Zeichen für einen „Geschlechter-Zwischenraum" benutzt. Zum Beispiel Erzieher_innen oder auch Erzieher*innen. Dieses soll darauf aufmerksam machen, dass es mehr Geschlechter als nur Männer und Frauen gibt und mehr Geschlechtsidentitäten als nur weiblich und männlich. Und diese, wie etwa intersexuelle Menschen oder Transgender-Menschen, werden damit symbolisch auch angesprochen. Diese korrekte Ansprache setzt ein Zeichen für die Bezugspersonen der Kinder und wirkt einladend und akzeptierend für Menschen, die transgeschlechtlich, intergeschlechtlich oder auch lesbisch oder schwul leben.

Die pädagogischen Fachkräfte überlegen gemeinsam, an welchen Stellen in Briefen, Infoschreiben und Aushängen die Formulierungen verändert werden sollten – und setzen dieses um.

Teamimpuls – Geschlechtsneutrale Begriffe festlegen

Die pädagogischen Fachkräfte überlegen gemeinsam, welche geschlechtstypisch festgelegten Begriffe in der Kita verwendet werden. Dieses können auch Begriffe sein, die lediglich männlich benannt werden, wie „Forscherraum" oder „Mitarbeiterbesprechung". Die Begriffe werden aufgeschrieben. Die Fachkräfte überlegen zu jedem aufgeschriebenen Wort eine geschlechtsneutrale Alternative. Gemeinsam werden passende Begriffe festgelegt, die zukünftig in der Kita verwendet werden sollen.

19 Geschlechtersensible Elternarbeit

Elternarbeit ist ein wesentlicher Bestandteil der Arbeit in der Kita. Die Mehrzahl der Teilnehmenden an Elternabenden, bei der Mithilfe und Durchführung von Festen und bei Elterngesprächen sind weiblich. Die Mütter scheinen sich stets zuständig zu fühlen, wenn es um Kindergartenbelange geht. Ein Ziel der geschlechtersensiblen Elternarbeit ist es also, auch die männlichen Bezugspersonen der Kinder mit einzubinden.

Teamimpuls – Mütter und Väter in der Elternarbeit

Wie ist die Geschlechterbeteiligung an Elternabenden, Elternaktivitäten, Ausflügen, Elterngesprächen? Die pädagogischen Fachkräfte erstellen im Team eine Tabelle (s. u.). Sie rekonstruieren das letzte Kindergartenjahr und tragen die Ergebnisse in die Tabelle ein. Die Tabellen eines jeden Gruppenteams werden miteinander verglichen. Wie sieht es mit Beteiligung von männlichen und weiblichen Bezugspersonen der Kinder in der Gruppe aus? Die Fachkräfte halten ein Ergebnis fest. In der Regel wird eine Frauendominanz deutlich. In vielen Fällen wird der Bedarf ermittelt, Väter oder andere Männer stärker in die Elternarbeit einzubinden.

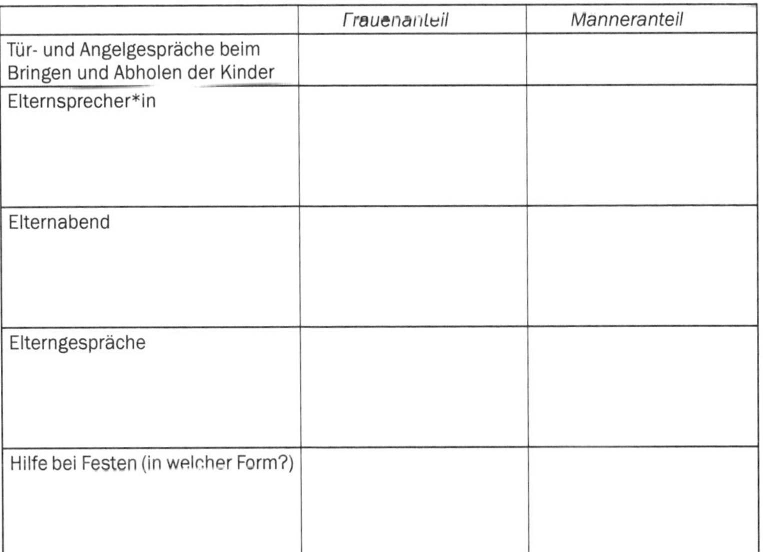

	Frauenanteil	*Männeranteil*
Tür- und Angelgespräche beim Bringen und Abholen der Kinder		
Elternsprecher*in		
Elternabend		
Elterngespräche		
Hilfe bei Festen (in welcher Form?)		

Begleitung bei Ausflügen		
Hospitation		
Einladung der Gruppe zum Hausbesuch		
Sonstiges		

Väter in die Kitas!

Da auch die pädagogischen Fachkräfte, hauswirtschaftliches Personal und Putzpersonal meist weiblich sind, wäre es von Vorteil, wenn sich Männer aus Fleisch und Blut am Kindergartenalltag beteiligen. Mädchen und Jungen würden davon profitieren, wenn ihre Väter auch praktisch mehr Anteil für den Ort, den Kindergarten, zeigen, an dem sie für viele Stunden des Tages leben. Außerdem würde es dazu beitragen, dass die Kinder ein realistischeres Männerbild bekommen. Jungen bekämen mehr Auswahl an Modellen, mit denen sie sich identifizieren könnten.

Wie könnte Vätern der Zugang zum Kindergarten erleichtert werden? Es ist denkbar, Aktionen auf das Wochenende zu verlegen, wenn die Arbeitszeiten vieler Väter bis in den frühen Abend gehen. Wie können mögliche Hemmschwellen der Väter beseitigt werden, sich in einem weiblichen Territorium zu engagieren? Die pädagogischen Fachkräfte sollten an den Fähigkeiten vieler Väter anknüpfen, die ja auch eine männliche Sozialisation durchlaufen haben. Dafür könnten beim Aufnahmegespräch besondere Fähigkeiten der Mütter – und eben auch der Väter – abgefragt werden. Väter können dann gezielt gebeten werden, sich mit ihren genannten Fähigkeiten (z. B. E-Gitarre spielen oder Gartenarbeit machen) an den Kindergartenbelangen zu beteiligen. Denkbar wären auch geschlechtergetrennte Elternabende, so können Männer gemeinsam eigene Ideen für beispielsweise eine Wochenendaktion entwickeln, die sie zusammen umsetzen.

Aktionen, die sich als Türöffner für viele Väter eignen könnten, sind beispielsweise:

- an einem Samstagnachmittag gemeinsam defektes Spielmaterial in der Kita reparieren
- Väter bauen zusammen mit den Kindern eine Bewegungsbaustelle
- Väter und Kinder streichen die Wand des Gruppenraumes
- Väter bauen mit den Kindern einen Schuppen auf dem Außengelände
- Väter organisieren ein kleines Fußballturnier
- Väterbringengemeinsammitden Kinderndenen Garten„aufVordermann“ (vgl. Hubrig 2016, 86)

Und wenn dem Kind kein Vater zur Verfügung steht? Im Interesse des Kindes wäre es sinnvoll, wenn das Kind eine andere ihm nahestehende männliche Bezugsperson für die aktive Elternarbeit im Kindergarten hätte. Das kann beispielsweise ein Freund der Familie sein, der Opa oder der Patenonkel.

Teamimpuls – Machen wir es den Vätern leicht, sich zu engagieren?

- Werden die Mütter und Väter oder andere erwachsene Bezugspersonen der Kitakinder gleichermaßen (in Schreiben, persönlichen Gesprächen, Einladungen etc.) angesprochen?
- Werden die Arbeitszeiten von Müttern und Vätern berücksichtigt, so dass alle eine wirkliche Chance haben, sich in Kindergartenbelange einzubringen und sich aktiv zu beteiligen?
- Haben Väter oder andere männliche Bezugspersonen die Möglichkeit, ohne Hemmungen oder Befürchtungen in die Kita zu kommen, sich wohl zu fühlen und sich aktiv einzubringen?

Praxisangebot – „Abendessen, Papa!“ – Ein Vater-Kind-Abend im Kindergarten

Viele Väter, die Vollzeit arbeiten, haben in der Woche wenig Zeit und Muße, um nachmittags in die Kita zu kommen. Aber zu Abend essen muss man sowieso. Bei diesem Treffen in der Kita wird das Angenehme mit dem Nützlichen verbunden. Die Väter kommen zur Feierabendzeit zum Abendessen in die Gruppe. Die Kinder treffen sich schon vorher zum

Vorbereiten. Die Tische werden zusammengeschoben, ausreichend Stühle an die Tische gestellt, das Geschirr aufgedeckt. Möglicherweise wird eine kleine Dekoration auf die Tische gestellt. Getränke, Brot, Käse und Wurst sowie Gemüse wird aufgetischt. Wenn möglich können auch kleine Fingerfood-Leckereien gemeinsam mit den Kindern vorbereitet werden.

Schnelle, leckere Ideen für das Abendessen, die ggf. schon vormittags zubereitet werden können:

Wir machen Quark zum Gemüsedippen

Zutaten: für 2 Portionen: 250 g Quark, 4 EL Joghurt, 2 EL Sahne, etwas Salz und Pfeffer, 4 EL frische Kräuter (z. B. Kresse, Dill oder Petersilie), Gemüse wie Möhren, Gurken, Paprika, Kohlrabi zum Dippen

Zubereitung: Quark, Joghurt und Sahne werden einer Schüssel miteinander verrührt. Die Kinder schneiden die Kräuter ganz klein und mischen sie dem Quark unter. Anschließend etwas Salz und ein wenig Pfeffer dazu und (von einem Erwachsenen) abschmecken lassen.

Das Gemüse wird in Sticks geschnitten. Diese sind zum Dippen!

Wir machen Würstchen im Schlafrock

Zutaten für 6 kleine Portionen: 4 Würstchen (z. B. Frankfurter Würstchen), 1 Ei, 1 Packung Blätterteig

Zubereitung: Vorbereitend wird der Ofen auf 180 Grad vorgeheizt und zwei Backbleche mit Backpapier ausgelegt. Gemeinsam mit der pädagogischen Fachkraft schlägt ein Kind das Ei in eine Schüssel und verrührt es mit dem Quirl.
Die Kinder schneiden den Blätterteig in so große Stücke, so dass jeweils eine Wurst gut darin eingewickelt werden kann. Jedes Kind bekommt ein Stück Blätterteig und streicht mit einem Pinsel etwas Ei aus der Schüssel darauf. Anschließend legt jedes Kind ein Würstchen auf den Blätterteig und rollt dieses ein. Ist das Würstchen sehr locker eingerollt, kann mit den Kindern noch etwas nachgedrückt werden. Nun schneidet jedes Kind mit Hilfe der pädagogischen Fachkraft die Rolle mit dem Würstchen drin in ein paar Zentimeter dicke Scheiben. Mit der Schnittseite nach oben werden die einzelnen Stückchen auf das Backblech gelegt. Dort werden sie nochmals mit Ei bepinselt. Abschließend wird das Backblech in den

Ofen geschoben. Nach circa einer viertel Stunde sind die Würstchen im Schlafrock fertig gebacken.

Wir backen Pizzawaffeln

Zutaten für 2 Portionen: 150 g Mehl, 1 Ei, 40 g Margarine, 125 ml Milch, einen halben Teelöffel Backpulver, 3 Prisen Salz, 50 g Kochschinken, 50 g Gouda-Käse, eine halbe kleine Dose Tomatenmark, Pizzakräuter (z. B. Basilikum oder Oregano)

Zubereitung: Mehl, Ei, Margarine, Backpulver, Salz und Tomatenmark in eine Rührschüssel geben und mit dem Handmixer zu einem Teig verrühren. Die Kinder schneiden den Schinken und den Gouda in kleine Würfel und geben ihn zum Teig. Der Teig wird wieder gerührt. Am Ende die „Pizzakräuter" in den Teig rühren.
Das Waffeleisen heiß werden lassen und eine Kelle Teig darauf geben. Den Teig wie eine Waffel backen.

Wir backen Abendbrötchen

Zutaten für eine Portion: 150 g Quark, 300 g Mehl, 6 EL Milch, 6 EL Speiseöl, 75 g Zucker, 1 Päckchen Backpulver, 1 Päckchen Vanillezucker, 1 Teelöffel Salz, etwas Milch

Zubereitung: Die Kinder geben die Zutaten in eine Schüssel und verrühren sie mit dem Mixer, bis ein knetfester Teig entstanden ist. Das Backblech wird mit Backpapier ausgelegt und in die Mitte des Tisches gestellt. Jedes Kind bekommt nun ein wenig Teig und knetet diesen nochmals durch. Dann formt es den Teig zu einer Schlange und legt diese vor sich hin. Die Schlange wird in Scheiben geschnitten und jede Scheibe wird mit den Händen zu einer Kugel geformt. Diese Kugel wird auf das Backblech gelegt. Am Ende wird in jede Kugel ein Kreuz mit einem Messer geritzt und mit etwas Milch bestrichen. Der Ofen wird auf 200 Grad eingestellt und das Blech wird in den Ofen geschoben. Nach 20 Minuten sind die Brötchen fertig für das Abendessen.

Einladung zum Vater-Kind-Abend

Liebe Väter,

wir laden euch am __________ zu einem Abendessen in unseren Kindergarten ein. Wir bereiten alles vor und ihr könnt euch um ____ Uhr an den gedeckten Tisch setzen!

Wir freuen uns auf euch!

Herzliche Grüße

_______________ und die Kinder der _____________-Gruppe

✂--

Bitte abschneiden und abgeben

Der Papa von _______________ kommt zum Vater-Kind-Abendessen.

Praxisangebot – „Papa, ich zeig dir meinen Kindergarten!" Ein Vater-Kind-Nachmittag

An diesem Samstag haben die Väter für circa zwei Stunden Zeit, den Kindergarten ihres Kindes näher kennenzulernen – und zwar aus Kinderperspektive. Die Kinder zeigen ihren Vätern ihren Lieblingsort und ihr Lieblingsspielzeug im Kindergarten. Die Väter haben Ruhe und Zeit, die Spiele der Kinder kennenzulernen und mitzuspielen. So ist es beispielsweise denkbar, dass zwei Kinder mit ihren Vätern „Uno" oder „Tempo kleine Schnecke spielen", während andere auf dem Außengelände Fußball spielen, in der Gruppenraumhöhle ein Bilderbuch anschauen, am Gestaltungstisch Papierflieger bauen und bemalen oder im Bewegungsraum eine Kissenschlacht veranstalten. So lernen die Väter nicht nur die Interessen ihres Kindes kennen und verbringen gemeinsam eine intensive Zeit, sondern lernen bei der Gelegenheit auch andere Väter kennen, mit denen sie sich austauschen können – und vielleicht auch mal für den nächsten Tag zum VaterKindBolzen auf dem nahegelegenen Spielplatz verabreden können.

Wie im Kindergartenalltag beginnt auch der Nachmittag mit einem gemeinsamen Stuhlkreis. Dort gibt es eine Blitzlicht-Kennenlernrunde, in der reihum jeder und jede den eigenen Namen sagt. Anschließend wird ein gemeinsames Spiel gespielt, wie etwa „Mein rechter, rechter Platz ist frei". Dann darf gespielt werden. Entsprechend der Kindergartenroutine ertönt zu gegebener Zeit das akustische Signal: Das Spielen ist gleich vorbei und nach einigen Minuten folgt das Signal zum Aufräumen. Die Kinder haben hier klar einen Wissensvorsprung und können den Vätern erklären, was die Signale bedeuten und was sie nun tun müssen. Nach dem Aufräumen setzen sich alle für eine Trink- und Snackrunde (Salzstangen, geschnittenes Obst) im Kreis zusammen. Nun sind die Väter an der Reihe: Was hat euch am besten im Kindergarten gefallen?

Die Einladungen an den Vater können von jedem Kind persönlich gestaltet werden.

Beispiel

Lieber Papa,

ich lade dich am _________ um _____ Uhr in meinen Kindergarten ein. Ich zeige dir meine Lieblingsspiele und wir können etwas zusammen machen.

Dein/e_____________

Das will ich dir unbedingt zeigen:

[gemaltes Bild]

Praxisangebot – „Neue Holzbausteine für die Gruppe" – ein Familien-Nachmittag

Die Funktionen und Aufgaben, die Väter und Mütter in der Regel in der Kita übernehmen, sind meist geschlechtsspezifisch. Frauen backen Muffins, fertigen Obstspieße an und bereiten einen Nudelsalat für das Sommerfest der Kita zu, während Männer die Sache mit dem Grillen in die Hand nehmen. Wir möchten Mädchen und Jungen die ganze Bandbreite an Erfahrungen und Erlebnissen nahebringen, unabhängig ihres Geschlechts. Wieso nicht auch den Eltern (möglicherweise) neue Erfahrungen zumuten, die im Laufe ihrer geschlechtsspezifischen Sozialisation evtl. zu kurz gekommen sind? An diesem Eltern-Kind-Nachmittag haben Mütter die Gelegenheit, mit Holz, Säge und Schmirgelpapier zu hantieren, während die Väter sich im feinmotorischen Gestalten mit Farben ausprobieren können. So werden neue Holzbausteine für die Kindergruppe hergestellt.

Vorbereitung: Einladungen verteilen (siehe unten)

Vorbereitend müssen folgende Materialien beschafft werden:

- Holzwürfel (im Baumarkt zurechtsägen lassen oder einen Balken selber in Stücke sägen)
- Schleifpapier (Stärke 120)
- Handsäge, ggf. Schraubzwinge an einer Werkbank
- Lappen
- Acrylfarben (für Kinderspielzeug)
- Pinsel
- bunte Papiere
- Klebstoff
- Schere
- Karton, bestenfalls eine Waschpulververpackung in Form eines Eimers aus starker Pappe
- Malunterlagen
- Malkittel für Kinder und Erwachsene

Essen und Trinken: Mineralwasser, Kaffee, Milch und Zucker, Kekse, Obst, Geschirr
Mülleimer, Besen, Handfeger und Kehrblech bereitstellen.

Räume vorbereiten:

- Arbeitstische „Sägen und Schmirgeln“ und „Malen und Gestalten“ mit entsprechendem Material einrichten
- Getränke, Essen, Geschirr bereitstellen
- Mit Absperrband werden die Stellen des Gruppenraumes gekennzeichnet, die die Kinder am Nachmittag nicht nutzen sollen. Nur die Bauecke sollte zum Spielen freigegeben sein oder auch andere große Freiflächen, die sich zum Bebauen anbieten. Wenn viele Eltern und

Kinder kommen, bietet es sich an, einen Bauteppich mit Lego, Bauklötzen, Autos, Spielzeugtieren usw. auf den Flur zu legen. Falls vorhanden, können auch große Schaumstoffelemente zum gemeinsamen Bauen zur Verfügung gestellt werden.

Dominomuster bauen: Zwei Jungen und zwei Mädchen (Fünf- oder Sechsjährige) bauen gemeinsam mit der pädagogischen Fachkraft am Ende des Kindergartentages vor dem geplanten Eltern-Kind-Nachmittag eine Dominoschnecke in der Mitte des Gruppenraumes auf. Dafür bekommen die Kinder sehr viele rechteckige, schmale Bausteine zur Verfügung gestellt. Diese werden hochkant mit ein paar Zentimetern Abstand hintereinander auf den Boden gestellt. Sie können beispielsweise gemeinsam in Schlangenlinienform, in einem großen Kreis oder schneckenförmig aufgebaut werden. Die Kinder müssen beim Bauen Acht geben, dass sie versehentlich keinen Baustein umwerfen. Das fertige Bauwerk bleibt bis zum Nachmittag stehen.

Einladung

Liebe Mütter und liebe Väter,

Wir spielen gerne und viel mit Baumaterialien. Deshalb benötigen wir Nachschub.
Zum Herstellen neuer wunderschöner Bausteine und zum gemeinsamen Bauen und Spielen ... laden wir euch ganz herzlich

zu unserem Eltern-Kind-Nachmittag
am ____________
von _____bis _____ Uhr ein.

Wir freuen uns auf einen gemütlichen Nachmittag!

Herzliche Grüße

✂---

Bitte ausfüllen und abgeben:

Name des Kindes: ________________________________

○ Wir nehmen mit _____ Kindern und _____ Erwachsenen am Eltern-Kind-Nachmittag teil.

○ Wir können nicht teilnehmen.

Ablauf: Die Kinder versammeln sich mit ihren Eltern in einem großen Sitzkreis um die Dominoschnecke. Hier ist es wichtig, dass besonders junge Geschwisterkinder an die Hand genommen werden, damit die Schnecke nicht aus Versehen oder absichtlich berührt wird. Die pädagogische Fachkraft begrüßt alle Kinder und Eltern. Sie erklärt, dass viele Kinder in dieser Gruppe gerne und viel mit Holzbausteinen spielen und für manche Vorhaben sehr viel Baumaterial benötigt wird – wie z. B. bei diesem hier in der Kreismitte. Es wird ein Kind ausgewählt, welches an einem Ende der Reihe einen Baustein umwerfen darf, so dass eine faszinierende Kettenreaktion ausgelöst wird. Nach und nach fallen alle Steine mit einem leisen „Klack" auf den Boden.

Nach dieser Präsentation geht es an die Arbeit. Die pädagogische Fachkraft bittet explizit die Mütter an die Arbeitstische (oder an die Werkbank) zum Sägen und Schleifen und die Väter an die Arbeitstische, an denen gemalt und gestaltet wird. Es wird darauf hingewiesen, dass mit dieser Arbeitsteilung viele Erwachsene neue Erfahrungen machen können. So, wie auch ihre Kinder täglich neue Erfahrungen machen. Die Kinder hingegen dürfen sich frei zuordnen, ob sie im gestalterischen oder handwerklichen Bereich arbeiten möchten. Endlich einmal mit dem Papa in Ruhe malen? Oder der Mama zeigen, wie das Holzstück geschmirgelt wird?

Mutter-Kind-Arbeitsplatz: Sägen und Schmirgeln

Material: Handsäge, Schmirgelpapier (zugeschnitten), Holzstücke, Lappen

Die Mütter haben die Aufgabe, die Holzstücke so abzuschmirgeln, dass sie eine glatte Oberfläche erhalten. Ansonsten würde die Farbe anschließend nicht haften bleiben. Wenn jemand möchte, dürfen auch mit der Säge andere Formen zurechtgesägt werden, die danach abgeschliffen werden. Der Schleifstaub wird abschließend mit einem Lappen beseitigt. Die Kinder bringen die fertigen Holzstücke zum „Vater-Kind-Tisch".

Vater-Kind-Arbeitsplatz: Malen und Gestalten

Material: Malunterlagen (Tischdecke), Acrylfarben, Pinsel, Karton, buntes Papier, Schere, Klebstoff, kleiner Tisch mit Zeitungen abgedeckt, auf denen die Bausteine trocknen können

An dieser Station malen die Väter und Kinder die Holzbausteine an. Ob einfarbig, mehrfarbig oder mit Mustern, der Gestaltungsphantasie der Väter und Kinder sind keine Grenzen gesetzt. Fertige oder auch fast fertige Bausteine werden zum Trocknen auf den dafür vorgesehenen Tisch gelegt. Die Väter und Kinder haben eine weitere Aufgabe: Sie verzieren den Karton, in dem die Bausteine in der Bauecke zukünftig aufbewahrt werden. Dafür schneiden sie geometrische Figuren aus buntem Papier aus und bekleben den Karton ganzflächig.

Und ansonsten … Nach getaner Arbeit und in den gemütlichen Arbeitspausen (es sind ja wahrscheinlich mehr Eltern und Kinder da, als Arbeitsplätze vorhanden sind) darf gegessen, getrunken, gequatscht und natürlich auch gebaut und gespielt werden.

Abschluss: Nach einem gemeinsamen Aufräumen versammeln sich alle Eltern und Kinder in einem großen Kreis. Die neuen Bausteine und ihre bunte Verpackung werden in die Mitte gelegt und bestaunt. Die Kinder dürfen die Bausteine in den Karton legen und gemeinsam einen Aufbewahrungsort festlegen. Dorthin wird der Karton aufgestellt. Und morgen können die neuen Bausteine gleich zum Einsatz kommen.

20 Männliche und weibliche pädagogische Fachkräfte im Team

Grundsätzlich sollten mehr Männer in Kitas arbeiten – und das nicht nur als Hausmeister oder Einrichtungsleitung. Jungen und Mädchen brauchen männliche und weibliche Modelle in der Kita zur Orientierung und als Identifikationsmöglichkeit. Gesellschaftlich würde der typische Frauenberuf durch den Anstieg an männlichen Fachkräften aufgewertet. Spätestens dann wird jedem deutlich, dass eine pädagogische Fachkraft in der Kita nicht lediglich eine bessere Mutter ist, die sich ein bisschen „Taschengeld" für die Familie dazuverdient. Männer sind also in den Kitas willkommen und werden mittlerweile bei der Bewerbung um eine Arbeitsstelle weiblichen Fachkräften bevorzugt.

Ist ein Mann im pädagogischen Team, so kommt es vor, dass eine traditionelle Aufgabenverteilung „geschieht". Der Mann fegt den Hof, gräbt den Garten der Kita um und repariert den defekten Bollerwagen. Männer spielen Fußball und sind für Raufen und Späße zuständig. Am Wickeltisch, beim Trösten oder beim Schneiden von Obst für die Kinder sieht man Frauen am Werk. Männern und Frauen werden auch als pädagogische Fachkräfte unterschiedliche Fähigkeiten und Interessen angedichtet, die sich in der Aufgabenverteilung widerspiegeln. Dieses geht so weit, dass in vielen Kitas männlichen Praktikanten oder Fachkräften das Wickeln der Kleinkinder untersagt oder nur unter Aufsicht einer Frau gestattet ist. Dieser Generalverdacht, dass Männer Kinder sexuell missbrauchen, verhindert eine wesentliche Aufgabe der Pädagogen, insbesondere im Krippenbereich. Es stellt alle Männer als mögliche Täter dar und Frauen als Menschen, die keine Sexualität haben und von Natur aus niemals übergriffig werden könnten. Andererseits kommen Männer schneller in Leitungspositionen, weil ihnen diese Führungsqualitäten eher zugetraut werden. Dies scheint passender für die männliche Geschlechterrolle als der unmittelbare Kontakt und die enge Beziehung zum Kind. Umgekehrt wird einer Frau in männlich dominierten Berufen nicht in dieser Weise der rote Teppich ausgerollt, um mühelos die Karriereleiter emporzuklettern. Diese Ungleichbehandlung in der Zuweisung von Aufgaben sehen die Kinder tagtäglich. Und was haben die Kinder für ein Bild von einem Mann, dem nicht zugetraut wird, Kinder beim Mittagsschlaf zu begleiten oder die Windeln zu wechseln? Und was für ein Frauenbild hat ein

Kind, wenn Frauen die Räder vom Laufrad nicht flicken können oder der Mann zum Tragen des Sofas geholt wird, anstatt dass eine Frau es mit einigen Kolleginnen trägt. Mit dieser traditionellen Arbeitsaufteilung sind Männer nicht wirklich in die pädagogische Arbeit der Kita integriert. Sie bringen nur einige wenige Elemente dazu (wie z. B. das Handwerken oder Fußballspielen). Männer werden für diese typisch männlich konnotierten Tätigkeiten im Team wertgeschätzt und behalten diese bei. Damit haben sie eine Nische gefunden, in der sie möglicherweise verharren.

Teamimpuls – Geschlechtersensible Aufgabenverteilung

- Wer übernimmt welche Aufgaben im Team?
- Warum übernimmt die bestimmte Person diese Aufgabe? Was hat die Übernahme der Aufgabe mit dem eigenen Geschlecht bzw. mit der geschlechtlichen Sozialisation zu tun?
- Welche Aufgaben können getauscht werden? Welches Wissen ist dafür nötig? Wer kann dieses Wissen weitergeben?

Teamimpuls – Interne Fortbildungen

Um wirkliche Fähigkeiten jenseits der Geschlechtergrenzen zu entdecken, ist es sinnvoll, eine hausinterne Fortbildung ins Leben zu rufen. Die Mitarbeiter*innen überlegen sich, welche Aufgaben sie gerne übernehmen würden, es aber nicht können. Die Mitarbeiter*innen haben die Gelegen heit, sich gegenseitig fortzubilden und ihnen noch unbekannte Territorien zu betreten, die ihnen ihre bisherige Geschlechtersozialisation möglicherweise verwehrt hat. Manchmal ist eine kleine Einweisung oder ein Ausprobieren, währenddessen jemand dabei ist, der ggf. Tipps geben kann, schon ausreichend. Meistens sind es die Hemmschwellen, die überwunden werden müssen, sich an bestimmte Tätigkeiten heranzuwagen, von denen man schon immer dachte, dass das „nichts für mich ist". Dieses könnte beispielsweise sein: „Räder flicken, Dreiräder und Laufräder reparieren, Wickeln, Kuchen backen, Umgang mit Werkzeugen an der Werkbank, Umgang mit Turngeräten in der Sporthalle, Fußballspielen, laute Lieder singen in hoher Stimmlage, ein Baumhaus bauen, Kinder schminken etc. Tauchen Themen auf, die kein Mitarbeiter oder keine Mitarbeiterin abdecken kann, so sollten externe Fortbildner*innen ins Haus geholt werden. Dieses muss keine professionelle Expertin oder Experte sein. Ein

Hobbykampfsportler oder eine Fußballerin können auch die wesentlichen Aspekte und Regeln ihres Hobbys für den Kindergartengebrauch vermitteln.

▸▸ **Tipp zur Vertiefung für männliche pädagogische Fachkräfte:**
Koordinationsstelle „Männer in Kitas“ (Hrsg.): Sicherheit gewinnen
Wie Kitas männliche Fachkräfte vor pauschalen Verdächtigungen und Kinder vor sexualisierter Gewalt schützen können. Handreichung für die Praxis
Als Download unter: http://www.koordination-maennerinkitas.de

Gendersensibel bleiben!

Gendersensibles Arbeiten ist kein einmaliges Projekt in der Kita. Es geht um eine innere Haltung, die sich durch alle Bereiche der Kita zieht. Dabei sind nicht nur die Wahrnehmung von Jungen und Mädchen und die Interaktion mit ihnen bedeutsam. Auch die genderbewusste Planung und Durchführung von Angeboten reicht nicht aus. Alle Faktoren der Kita müssen gendersensibel betrachtet werden. Das gilt für den Umgang mit Eltern genauso wie für den Umgang im Team. Damit das gendersensible Arbeiten keine „Modeerscheinung“ oder ein „zeitweiliges Projekt“ ist, müssen regelmäßige Reflektionen zum Stand der gendersensiblen Arbeit stattfinden. Im Zuge der alltäglichen Belastung pädagogischer Fachkräfte kann es schnell geschehen, dass Gendersensibilität aus dem Blickfeld verschwindet. Insbesondere Einrichtungsleitungen sollten deshalb Zeiten für die Reflexion im Jahresplan einplanen und regelmäßige Fortbildungen zu genderbezogenen Themen anbieten. Hilfreich ist, eine Gender-Pinnwand im Besprechungszimmer aufzuhängen, an die alle Mitarbeiter*innen ihre Bedarfe an genderbezogenen Themen, Gesprächsbedarfen festhalten, bevor diese im Alltagsstress rasch in Vergessenheit geraten können. Da gendersensibles Arbeiten nur von der pädagogischen Fachkraft als Person ausgehen, und nicht über ein schriftliches Konzept verordnet werden kann, sollten allen Mitarbeiter*innen bzw. den pädagogischen Teams Mediationsgespräche angeboten werden, in denen sie ihr Denken und Handeln sowie innere oder äußere Konflikte, die das Thema Gender durchaus immer wieder beinhalten können, bearbeiten können.

Literatur

Bischof-Köhler, Doris: *Von Natur aus anders. Psychologie der Geschlechtsunterschiede*, Stuttgart/Berlin/Köln, Kohlhammer, 2002

Brill, Stephanie/Pepper, Rachel: *Wenn Kinder anders fühlen – Identität im anderen Geschlecht*. München, Reinhardt, 2016, 2. Aufl.

Fine, Cordelia: *Die Geschlechterlüge. Die Macht der Vorurteile über Frau und Mann*. Stuttgart, Klett Cotta, 2010

Focks, Petra: *Starke Mädchen, starke Jungen. Genderbewusste Pädagogik in der Kita*. Freiburg im Breisgau, Herder, 2016

Herm, Sabine: P*sychomotorische Spiele für Kinder in Krippen und Kindertagesstätten*, Berlin, Cornelsen Scriptor, 2007

Hubrig, Silke: *Genderkompetenz in der Sozialpädagogik*. Troisdorf, Bildungsverlag Eins, 2010

Hubrig, Silke: *Spiele für Jungs, Spiele für Mädchen. Praxisangebote für die bewusste Mädchen- und Jungenförderung in der Kita*. Münster, Ökotopia Verlag, 2016, 2. Auflage

Hunger, Ina/Zimmer, Renate: Jungen dürfen wild sein – Mädchen auch? Einflüsse auf geschlechtsspezifisches Bewegungsverhalten. In: *Kindergarten heute* 8/2012

Kugler, Thomas: Geschlechtervielfalt in der Kita: Inklusives pädagogisches Handeln am Beispiel Transgeschlechtlichkeit und Intergeschlechtlichkeit. In: Sozialpädagogisches Fortbildungsinstitut Berlin-Brandenburg und Bildungsinitiative Queerformat (Hrsg.): *Geschlechtliche und sexuelle Vielfalt in der pädagogischen Arbeit mit Kindern und Jugendlichen. Handreichung für Fachkräfte der Kinder- und Jugendarbeit*, Berlin, 2012

Mühlen-Achs, Gitta: *Geschlecht bewusst gemacht. Körpersprachliche Inszenierungen. Ein Bilder- und Arbeitsbuch*, München, Frauenoffensive Taschenbuch, 2008

Nordt, Stephanie: Zur Situation von Kindern aus Regenbogenfamilien. In: Sozialpädagogisches Fortbildungsinstitut Berlin-Brandenburg und Bildungsinitiative Queerformat (Hrsg.): Geschlechtliche und sexuelle Vielfalt in der pädagogischen Arbeit mit Kindern und Jugendlichen. Handreichung für Fachkräfte der Kinder- und Jugendarbeit, Berlin, 2012

Schnerring, Almut/Verlan, Sascha: *Die rosa-hellblau-Falle. Für eine Kindheit ohne Rollenklischees*. München, Verlag Antje Kunstmann, 2014

Tenndorf, Wiebke/Nentwich, J*ulia/Vogt, Franziska:* Gender in der Kita. Praxisratgeber für Kitaleitungen. St. Gallen: Universität und pädagogische Hochschule St. Gallen, 2014

Trautner, Hanns Martin: Entwicklung der Geschlechtsidentität, in: *Entwicklungspsychologie*, 5. Auflage, hrsg. Von Ralf Oerter und Leo Montada, Weinheim/Basel, Beltz Verlag 2005

Internet

https://www.herder.de/kiga-heute/fachbegriffe/intersexualitaet (Stand vom 24.06.2018)

https://www.br.de/puls/themen/leben/transgender-begriffe-und-formulierungen-100.html (Stand vom 24.06.2018)

http://www.im-ev.de/ (Stand vom 24.06.2018)

http://arbeitsblaetter.stangl-taller.at/LERNEN/Modelllernen.shtml (Stand vom 24.06.2018)

https://www.vorname.com/vornamen.html (Stand vom 24.06.2018)

http://www.maerchenstern.de/maerchen/aschenputtel.php (Stand vom 24.06.2018)

online.de/jugend/izi/deutsch/publikation/televizion/30_2017_2/Lemish_Stereotype.pdf (Stand vom 24.06.2018)

https://www.welt.de/wissenschaft/article160301276/Warum-Jungs-Ritter-und-Maedchen-Prinzessin-spielen.html (Stand vom 24.06.2018)

https://www.bmfsfj.de/blob/95342/bfb37cd96cecee0df26938510873c319/spielt-das-geschlecht-eine-rolle-tandem-studie-kurzfassung-data.pdf (Stand vom 24.06.2018)

Götz, Maya: Männer sind die Helden. Geschlechterverhältnisse im Kinderfernsehen unter http://www.br-online.de/jugend/izi/text/mayaheld.htm (Stand vom 03.08.2018)

Wallner, Claudia: Geschlechtergerechtigkeit und Schule, http://caritas.erzbistum-koeln.de/export/sites/caritas/maik/dokumente/modul-e/grundlagenliteratur/Fachbeitrag_Geschlechtergerechtigkeit_in_der_Kita_Wallner.pdf (Stand vom 24.06.2018)

Besondere Buchtipps zur Vertiefung einzelner Themen

Transgeschlechtlichkeit

Brill, Stephanie/Pepper, Rachel: Wenn Kinder anders fühlen – Identität im anderen Geschlecht. München, Reinhardt, 2016, 2. Aufl.

Intergeschlechtlichkeit

http://www.im-ev.de/ (Stand vom 24.06.2018)

Kinder aus Regenbogenfamilien – Ergebnisse der ersten repräsentativen wissenschaftlichen Studie in Deutschland über Kinder in Regenbogenfamilien (2009) unter: https://www.lsvd.de/fileadmin/pics/Dokumente/Adoption/LSVD_Essentiels-BMJ-Studie.pdf

Lars Ihlenfeld | Holger Klaus | Nele Trenner
Was Erzieher_innen wissen wollen
50 Fragen zu Rechten und Pflichten in der Kita
BELTZ JUVENTA